인간의 탄생, 성숙, 노화

생물학자의
신앙고백

○
일러두기

이 책에서 소개하는 생물학적 용어와 개념 정리는 아래의 3권의 도서를 참고했습니다.

1. Michael J. F. Barresi, Scott F. Gilbert, Developmental Biology(12th edition), Oxford University Press.

2. 안효섭, 신희영 편, 『홍창의 소아과학(제12판)』, 미래엔.

3. 최현석, 『노화학 사전』, 서해문집.

인간의 탄생, 성숙, 노화

생물학자의
신앙고백

김영웅 지음

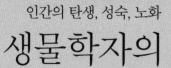

신앙의 눈으로 본 내 몸 보고서

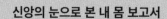

신울

추천의 글

　　구원이란 무엇인가? 성경 속 예수의 답은 다시 태
어나는 것이다. 예수를 따르는 크리스천의 또 다른 이름은 거듭난born
again 사람들인 이유다. 김영웅 박사는 생명과 신앙의 발생과 성장을
비교하면서 공통주어인 하나님을 발견한다. 죽었던 인간이 다시 태어
나는 신앙의 원리가 과학의 언어로 다시 태어났다.

김대수 ｜ 카이스트 생명과학기술대학 생명과학과 교수

　　문과 남자가 난생처음 과학책을 완독하게 했으니
참 장한 책입니다. 나는 본서에 '신앙의 눈으로 본 내 몸 보고서'라는
부제를 달고 싶습니다. 나를 담은 몸을 모르고서 여태 살았으니 제대로
살았나 싶습니다. 내 몸을 외면한 채 나를 상대한다고 했으니, 얼마나
무례했으며 또 얼마나 오독誤讀했을까요? 몸을 읽어야 '맘'을 알고 내
영혼의 감感과 촉觸을 포착하여 제대로 된 '삶'을 살 것인데, 너무 머리
만 믿고 살았습니다. 오십이 넘으니 그렇게는 못 살겠더군요. 호흡, 걸
음, 식사, 소화, 생리, 피부, 발음, 듣기, 혈압, 수면에서 당연하게 누리는

4

것이 하나도 없고, 늘 내 몸의 소리에 귀를 기울이고 배려하여 몸이 허락한 만큼만 해야 무난한 일상이 찾아옵니다. 너무 몸 사리며 살고 있지 않나 싶었는데, 이 책을 보고서 그래야 마땅한 줄 알았습니다. 내 야망을 위해 혹사당한 몸을 잘 간수하고 보살피는 것이 몸의 주인이신 하나님을 사랑하는 것이 되는 당연한 이치도 저자가 확인해주었습니다. 독자들도 저처럼 이 책을 통해 우리 몸이 젊음에 이용당하지 않고 늙음에 저항하지 않는 지혜와 기꺼이 노화되고 멋지게 사라지는 용기를 얻기를 바랍니다.

박대영 | 광주소명교회 목사, 『묵상과 설교』 책임편집

인간은 인간 이전에 이 땅에 나타난 모든 존재의 끊임없이 지속되는 움직임과 변화의 결과다. 인간은 생명을 향해 약동하는 그들의 바람과 애씀의 열매다. 인간이 스스로를 자각하기 시작했을 때 가장 먼저 생겨나는 질문은 '인간은 왜 태어났으며, 인간은 어떻게 만들어졌으며 인간은 무엇인가?'이다.

1665년 로버트 훅이 처음 '세포'를 발견하였고 2백년 가까운 생물학의 역사에서 '어떻게 단 하나의 세포가 사람이 될 수 있는가?'는 가장 풀기 힘든 미스터리 중 하나였다. 정자와 난자가 만나 이룬 수정란은 단 하나의 세포다. 나와 당신, 우리는 수정란에서 시작하여 약 60조 개의 세포로 이루어진 몸을 하고 있다. 어떻게 가능할까? 생물학자인 저자는 이 책에서 궁극의 질문을 던져놓고 사람의 발생과정과 신앙의 일생을 그의 신앙 경험과 함께 씨줄과 날줄로 엮었다.

성경은 신이 흙을 빚어 생기를 불어넣어서 인간을 만들었다고 말하고 과학 기술이 고도로 발전한 현대는 축적된 정보와 지식으로 인간의 탄생을 좀 더 세세하게 기술한다. 인간은 누구이고 왜 태어났는지를 성경에서 들었다면 인간은 어떻게 인간으로 발생되었는지를 이 책에서 들어 볼 차례다. 저자의 친절한 안내를 따라가면 미시세계와 거시세계를 넘나드는 '생명'여행이 펼쳐질 것이다.

백우인 | 과학으로 시 읽은 평론가, 『우리의 존재방식』 저자

그리스도인 과학자가 자신의 경험을 토대로 쓴 과학과 신앙에 관한 책을 읽어 보면, 과학 이야기도 아니고 신앙 이야기도 아닌 경우가 꽤 많았다. 하지만 이 책의 추천사 의뢰가 왔을 때 주저함 없이 승낙했다. 이전에 출판된 저자의 책을 재미있고 진지하게 읽었기 때문이기도 하지만, 가장 큰 이유는 저자가 실험생물학자이기 때문이다. 이점은 매우 중요하다. 신학의 현장이 교회이듯 과학의 많은 부분이 실험실에서 이루어지기 때문이다. 실험실 경험이 풍부한 그리스도인 과학자답게 이 책에서 저자는 과학과 신앙 모두를 훌륭하게 풀어낸다. 진지한 과학 이야기와 그리스도인으로서 진솔한 신앙고백을 듣고 싶은 모든 독자에게 이 책을 추천한다.

오세조 | 팔복루터교회 목사

저자는 이 책에서 탄생에서 노화에 이르는 인간의 생물학적 발생과 그리스도인의 신앙적 발생과정을 비교하면서, 과학과 신학의 고유한 언어와 영역을 존중하되 과학적 사실을 신앙의 원리를 이해하기 위한 효과적인 '유비'로 사용해 이야기를 풀어갑니다. 그리고 생물학과 신앙 모두에서 '성숙'의 표지는 획일성을 거부하고 풍성함과 다양성을 존중하며 타자를 이해하고 배려하는 태도라는 결론에 도달합니다. 독자들은 이 책을 통해 엄밀한 과학적 사유와 은혜로운 신앙고백이 어떻게 훌륭하게 조화될 수 있는지, 편견을 바탕으로 한 혐오와 정죄를 신앙의 이름으로 정당화하는 것이 얼마나 비과학적이며 비신앙적인 행위인지 깨닫게 될 것입니다. 과학 시대에 바른 신앙의 길을 고민하는 그리스도인들에게 기쁜 마음으로 추천합니다.

정한욱 | 안과 전문의, 『믿음을 묻는 딸에게, 아빠가』 저자

프롤로그

예수님은 생명입니다. 예수님을 믿는 믿음은 사
망에서 생명으로 옮기는 능력이 있습니다. 살아있다는 건 생명이
있다는 말입니다. 그러므로 예수님을 믿으면 비로소 생명체가 된
다고 할 수 있습니다. 과학자생물학자의 공부연구는 가시적 생명체
인 육肉의 영역에 국한되지만, 그리스도인의 공부는 비가시적 생
명체인 영靈의 영역까지 확장됩니다. 자로 재듯 둘로 나눌 수 없
는 영과 육은 그래서인지 비슷한 여정을 보내는 것 같습니다. 모
든 생명체는 생겨나고발생하고, 성장하고, 성숙하고, 노화합니다.

육도 그렇고 영도 그런 것처럼 보입니다. 저는 이 두 영역의 유
사점을 생물학자의 눈으로 바라보았습니다. 이후로도 영과 육을

나눠서 언급하기도 하겠지만 그건 어디까지나 편의상일 뿐 결코 '영육 이원론'을 지지하기 위함이 아닙니다. 따라서 이 책에서의 영은 주로 그리스도인의 신앙을 가리킨다고 보면 되겠습니다.

다시 말해 이 책은 생물학자의 눈으로 본 인간 몸의 발생發生, developmental 과정과 그리스도인의 눈으로 본 신앙의 발생과정을 대비시키며 얻은 성찰과 묵상을 담아낸 작은 열매입니다. 이 책에서 저는 수정란의 탄생부터 태어나기 전까지의 배아 형성 과정만을 발생과정이라고 정의하는 좁은 견해보다, 생명이 태어난 이후 생명체의 성장, 성숙, 노화를 거쳐 사멸에 이르기까지의 인생 전 과정을 발생과정이라고 부르는 넓은 견해를 따릅니다.

우선 몸의 발생과정과 신앙의 발생과정을 편의상 크게 네 단계로 나눴습니다. 1부를 이루는 첫 번째 단계는 어머니로부터 온 난자와 아버지로부터 온 정자의 만남, 즉 수정이라는 사건입니다. 전에 없던 새롭고 고유한 생명체가 만들어진다는 점에서, 예수님을 믿고 영접하여 얻을 수 있는 영적인 새 생명 탄생의 의미를 부여할 수 있었습니다. 부가적으로 아무 난자와 정자가 만난다고 해서 제대로 된 수정란이 탄생하지 않는다는 점에서특히 염색체의 결합을 가진 난자나 정자가 결합한 수정란은 거의 발생하지 않습니다, 수정은 부모가 가진 믿음의 두 씨앗이 결합하는 사건으로도 이해할 수 있겠습니다. 이는 자녀가 태어나기 전에 자녀의 신앙에 기여하는 부모 믿음의 중요성에 대한 관점이기도 합니다.

2부를 이루는 두 번째 단계는 출생 전 발생과정입니다. 즉 전통적인 발생생물학에서 다루는 배아 발생과 형성 과정에 해당합니다. 예수님을 믿음으로 새 생명이 되었기에 생명의 기본 속성에 따라 자라고 변화하여 다양한 신앙 세포를 만들어내고 비로소 세상 속으로 나아갈 준비를 하는 단계로 적용할 수 있겠습니다.

3부를 이루는 세 번째 단계는 출생 후 그리고 본격적인 노화 시작 전 성장 위주의 과정입니다. 생물학적인 노화의 시작은 이차 성징이 완전히 끝나고 약 5년 뒤인 25세 정도로 보며, 스스로 느낄 정도로 본격적인 노화는 약 40세부터 시작됩니다. 그래서 3부에서 살펴볼 단계는 갓난아기로부터 청소년 시절을 지나 청장년 때까지를 모두 포함합니다. 소위 젊음과 청춘이라 불리는 시절부터 가장 왕성한 활동을 자랑하는 시절을 모두 아우른다고 할 수 있겠습니다.

신앙적인 측면에서도 저는 이 시기가 가장 역동적인 단계라고 생각합니다. 예수님을 만나 새 생명을 입고 다시 살아갈 세상은 이전과 같지만 다른 세상입니다. 하나님 나라 백성으로 그리스도인이라는 정체성이 추가되기 때문입니다. 저는 이 단계를 살아내는 큰 두 축으로 두 가지를 다루려고 합니다. 하나는 '나는 누구인가?'이고, 다른 하나는 '어떻게 살아야 하는가?'입니다. 정체성과 윤리에 관한 이야기입니다. 저는 이 시기를 세분화하여 작은 세 단계로 다시 나눴습니다. 첫 번째로 태어나서 사춘기까지, 두 번째로 사춘기부터 25세까지, 마지막으로 25세부터 40세까지입니다.

4부를 이루는 네 번째 단계는 40세 이후로 본격적인 노화가 시작되는 시기부터 죽음에 이르기까지의 시기입니다. 그리스도인이 세상 속에서 겪게 될 신앙의 위기와 갈등을 다룹니다. 물론 이런 위기와 갈등은 빠르게는 청소년 시기부터 시작될 수도 있습니다. 하지만 저는 신앙의 노선을 바꾸거나 신앙을 등지거나 잠시 휴지기를 갖게 되는 시기는 주로 25세부터 40세 사이라고 판단했기 때문에 편의상 그렇게 나누었습니다.

위기와 갈등을 경험한 이후에 그리스도인은 크게 두 갈래로 나누어진다고 보았습니다. 한 갈래는 위기와 갈등 이후 신앙이 성숙해 다음 세대를 양육하며 신앙의 모범을 보이는 세상 속 그리스도인으로 살아가게 되는 '지혜자'의 신앙입니다. 그리고 다른 한 갈래는 위기와 갈등 이후 세상 속 그리스도인이라는 정체성이 아닌 자본주의와 허무주의 혹은 성공 지향적 가치관에 점철되어 자기애로 똘똘 뭉친 이기적인 '꼰대'의 신앙입니다. 그리스도인으로서 지혜자의 신앙을 지향해야 한다는 건 두말하면 잔소리이지만,

우리 주변에는 후자의 신앙을 가진 채 아니면 신앙을 버리고 살아가는, '현재진행형 그리스도인'이 아닌, 나도 왕년에 교회 좀 다녀본 '과거형 그리스도인'이 무시할 수 없을 정도로 많다는 점을 감안할 때, 이 두 갈래의 발생과정은 주의 깊게 살펴봐야 할 부분입니다.

마지막 5부는 부록처럼 읽어주시면 좋겠습니다. 인생의 전반전을 마치고 후반전에 들어서는 제가 사유하고 경험했던 삶과 신앙의 모습을 공유하면서 나누고자 합니다. 가볍게 읽어주시면 되지만 실은 이 책이 세상에 나오게 된 이유가 담긴 부분이기도 합니다.

편의상 인생을 시간순으로 나눴지만, 여기엔 생물학적인 인간의 몸의 발생과정에 신앙의 여정을 대비시키고자 하는 약간의 억지스러움이 있을 줄 압니다. 그러나 저는 결코 이 대비를 일반화시키려고 하진 않았습니다. 다만 한 생물학자의 신앙고백이라고 생각해 주시고 조금은 낯설 수 있는 생물학의 눈으로 그리스도인의 신앙을 살펴본다는 마음으로 이 책을 읽어주시면 감사하겠습니다.

차례

1부

생명의
출발

사망에서 생명으로

"내가 진실로 진실로 너희에게 이르노니
내 말을 듣고 또 나 보내신 이를 믿는 자는 영생을 얻었고
심판에 이르지 아니하나니
사망에서 생명으로 옮겼느니라"

요한복음 5:24

궁극의
질문

　모든 인간은 수정란에서 시작합니다. 어머니로부터의 난자와 아버지로부터의 정자가 수억 분의 일이라는 확률을 뚫고 만나 형성한 하나의 세포를 수정란이라고 부릅니다. 그런데 흥미로운 것은 가장 먼저 출발선을 끊은 정자가 난자와 만나 수정란을 이루는 주인공이 되리라는 보장이 없다는 사실입니다. 그뿐만 아니라 설사 어떤 정자가 가장 먼저 난자와 만나 핵융합 단계까지 진행했어도 배아로 발생할 수정란이 되리라는 보장이 없다는 것입니다. 그러니까 아직도 어떤 정자가 난자와 만나 수정란으로 발생하는지에 대한 상세한 기작mechanism이 베일에 가려져 있다는 것입니다. 물론 우리가 정확한 기작을 제대로 알 수 없어도 어쨌거나 수정은 일어납니다. 사람은 태어납니다. 다만 우리는 인류가 멸종하지 않고 대를 이어온 이유를 아직은 정확하게 모르고 있을 뿐입니다. 하지만 정상적인 발생의 기작을 알면 알수록 우리가 기억도 할 수 없는 먼 옛날부터 이 땅에 태어난 모든 사람은 '살아남은' 자들이 분명하다는 생각을 지울 수 없습니다. 단지 수억 개의 정자 중 하나만이 수정에 성공하기 때문이 아닙니다. 수정 이후에도 도처에 널려 있는 수많은 위험에 맞서 '살아남아야' 하기 때문입니다. 그래서 모든 사람을 존중해야 하는 이유를 발생학적인 측면에서도 발견할 수 있게 됩니다. 발생학적인 관점만으로도 모든 사람은 존중받고 사랑받아야 할 자격이 충분한 것입니다.

어쩌면 그동안 우리는 하나님의 창조가 당연한 사실이기에 생명의 발생에 대해 질문하지 않았을지도 모릅니다. 그래서 저는 생명의 발생에 대해 궁극의 질문 하나를 던져보려고 합니다. 이 질문에 대해 그냥 떠오르는 답을 한번 해보시고 이 책을 다 읽으신 후 다시 한번 이 질문에 답해 보셨으면 합니다.

"어떻게 단 하나의 세포가 사람이 될 수 있을까?"

사실은 아주 오래된 질문입니다. 생물학자들은 이 오래된 질문에 부분적이나마 꾸준히 답을 해오고 있습니다. 이 단순한 질문은 하나의 학문이 되었고, 지금도 거기에는 수많은 세계적인 학자들이 연구를 진행하고 있습니다. 그 학문의 이름은 '발생생물학'developmental biology 입니다. 전통적인 발생생물학은 수정란에서 시작해 아기가 태어나기 전까지의 전 과정, 즉 배아의 발생과정을 다룹니다. 어머니의 측면에서는 임신 기간이고, 아기의 측면에서는 엄마 배 속에 머무는 기간이기도 합니다. 인간의 경우는 이 기간이 약 40주에 달합니다. 제가 실험실에서 사용하는 생쥐의 경우는 약 3주밖에 되지 않습니다. 그렇다면 임신 기간, 수정란에는 도대체 무슨 일이 벌어지는 것일까요? 어떻게 해서 하나의 세포가 수많은 다양한 세포로 이루어진 인간의 모습으로 바뀌게 되는 것일까요?

과학의 힘과 한계

이 신비하고도 놀라운 과정은 앞으로 본격적으로 다루겠지만, 여기선 그 전에 먼저 짚고 넘어가야 할 몇 가지만 다루려고 합니다. 본격적인 여행을 떠나기 전 준비운동을 한다고 생각하면 될 것 같습니다. 다음의 질문으로 우리의 생각을 전환해보는 건 어떨까요? 이는 증거를 기반으로 한 합리적인 추론이며, 과학이라는 학문이 다룰 수 있는 것과 다룰 수 없는 것의 경계에 관한 이야기입니다.

"단 하나의 세포가 수많은 다양한 세포로 이루어진 하나의 개체로 탈바꿈한다는 사실로 미루어볼 때 수정란은 특별한 세포 같은데, 사실일까?"

수정란이 어떤 세포인지 묻는, 즉 수정란의 정체성을 묻는, 아주 기본적이면서도 중요한 질문입니다. 그렇습니다. 수정란은 특별한 세포입니다. 과학자들은 이 특별한 세포를 표현할 때 '전능하다'omnipotent 라는 말을 사용합니다. 모든 세포를 만들어낼 수 있는 능력이 있기 때문이지요. 그러나 가만히 살펴보면 이 설명은 질문을 다르게 표현한 것에 지나지 않습니다. 여기서 한 걸음 더 나아가야 합니다. 다음과 같은 질문과 함께 말이지요.

"이 전능한 세포는 어떻게 수많은 다양한 세포를 만들어낼 수 있을까?"

과학이라는 학문은 '왜?'를 묻지만, 거기에 대한 근원적인 답은 과학의 영역 너머에 있는 경우가 많습니다. 존재에 관한 질문은 철학과 신학의 영역으로 넘어가지요. 영화 〈007 시리즈〉의 주인공 제임스 본드에게 '살인 면허'가 있듯, 과학자에게는 '의심 면허'가 있습니다. 과학자들은 끊임없이 의심하고 끊임없이 질문합니다. 그러나 결국 도달하는 답은 '왜?'에 대한 답이 아닌 '어떻게?'에 대한 답일 경우가 대부분입니다. 다음 두 가지 질문을 비교하며 조금 더 쉽게 설명을 해볼까요?

먼저 "왜 수정란은 전능한 세포인가?"라는 질문입니다. 이 질문은 '왜?'를 묻지만, 이때 '왜'는 '어떻게'로 바꿔도 달라지지 않습니다. 즉 이 질문에서의 '왜'는 '존재'를 묻지 않습니다. 이 질문에 대한 답은 앞서 설명한 것처럼 수정란이 '하는 일', 다시 말해 모든 세포를 만들어낼 수 있다는 증거를 들면 됩니다. 즉 존재being가 아닌 하는 일doing에 대한 질문입니다.

한편, "왜 수정란은 존재하는가?" 혹은 "왜 모든 인간은 수정란에서 시작하는가?"와 같은 질문도 '왜?'를 묻습니다. 하지만 이런 질문에서 '왜'는 '어떻게'로 바꿀 수 없습니다. 질문의 의도가 완전히 달라지기 때문입니다. 이처럼 같은 '왜?'라는 질문을 해도 존재를 묻는지, 하는 일을 묻는지에 따라 과학의 영역을 벗어나는 질문인지 과학이 실험과 관찰을 통해서 충분히 답을 할 수 있는 질문인지를 판단할 수 있습니다. 과학은 그리고 과학자는 철저하게 실험과 관찰로 증명할 수 있는 증거와 누구나 같은 방법과 같은 조건에서 재현 가능한 증거를 기반으로 구축된 답만 할 수 있습니다. 과학은 어떻게 존재하는지에 대한 답은 할 수 있어도 왜 존재하는지에 대한 답은 할 수 없습니다.

발생생물학 역시 과학의 한 분야이므로 모든 교과서적인 지식은 검증 가능한 실험과 관찰 결과에 기반합니다. 그러므로 앞으로 설명할 발생생물학은 전 세계 과학자들이 자신의 연구 결과를 논문이라는 매체를 통해 공인받은 결과를 정리한 것입니다. 반면, 발생생물학을 토대로 한 신앙의 적용은 순전히 저의 개인적인 적용에 지나지 않습니다. 철저한 저만의 신앙적 경험, 지식 그리고 저도 모르게 가지고 있는 편견과 고집이 적절한 비율로 뭉쳐져 표출된 그 무엇일 것입니다. 그러므로 이 책에 등장하는 생물학적 지식과 신앙의 유비는 결코 진리가 아닐뿐더러 교리도 아니고 따라야 할 모범이나 지침도 아닙니다. 그저 한 그리스도인 생물학자의 해석이자 신앙적 적용일 뿐입니다. 그러나 저는 이러한 개별적인 해석도 보편성이 전혀 없는 것은 아니라고 생각합니다. 인간이라면, 그리스도인이라면 공감할 수 있고 고개를 끄덕일 수 있는 접점이 분명히 존재할 것이기 때문입니다. 그러한 접점으로부터 각자 자신의 상황에 맞게 해석하고 적용하면 조금은 다른 관점에서 신앙을 돌아 볼 수 있지 않을까요? 바라기는 관찰과 실험과 증명으로 생명을 연구하는 생물학자가 만난 하나님이 내가 만난 하나님과 얼마나 같고 얼마나 다른지를 살펴보며 신앙이 확장되는 의미 있는 시간이 되기를 소망해 봅니다. 만약 어떤 의미가 있었다면 이 책을 읽는 독자분들의 다양한 영역에서 만난 하나님에 관한 신앙 공부와 고백도 만나볼 수 있는 계기가 되기를 소망해 봅니다.

수정
준비

그럼 다시 앞서 던진 질문으로 돌아가 볼까요? 바로 이 질문입니다.

"이 전능한 세포는 어떻게 수많은 다양한 세포를 만들어 낼 수 있을까?"

답은 간단하지 않습니다. 눈치 빠른 독자들은 알아챘겠지만 사실 이 질문은 발생생물학을 있게 한 질문으로 이 책에서 가장 먼저 던진 질문과 다를 바 없습니다. 기억하고 계시지요? 바로 이 질문입니다.

"어떻게 단 하나의 세포가 사람이 될 수 있을까?"

이 질문에 답하기 전에 중요한 한 가지를 짚고 넘어가도록 하겠습니다. 수정란이 생기기 이전 단계에 대한 짤막한 이야기입니다. 이는 선천적 장애가 있는 아이의 출산에 관련된 이야기이기도 합니다.

● 염색체

인간의 염색체는 23쌍이며 총 개수는 46개입니다. 1번부터 22번까지 번호가 매겨진 염색체가 두 개씩 한 쌍으로 총 44개의 상염색체와 여자는 XX, 남자는 XY인 총 2개의 성염색체로 구성됩니다. 우리 몸을 이루는 거의 모든 세포가 이렇게 46개의 염색체로 구성되어 있습니다. 하지만 46개의 절반인 23개의 염색체만으로 된 세포가 있습니다. 즉 1번부터 22번까지의 상염색체 하나씩과 X나 Y의 성염색체 하나로 이루어진 세포입니다. 바로 생식세포라고 불리는 난자와 정자입니다. 이 두 세포의 결합이 수정란이 되는 것입니다. 그러니 수정란의 염색체 개수는 난자로부터 23개와 정자로부터 23개가 합쳐져 46개가 됩니다. 만약 난자와 정자의 염색체 수가 절반인 23개가 아니고 46개였다면 수정란의 염색체 수는 총 92개가 될 운명이었을 것입니다. 자칫하면 대를 이어

갈수록 염색체 수가 두 배씩 증가하는 결과를 초래할 뻔했던 것이지요. 일반적으로 염색체 수가 다르면 수정이 일어나도 배아 embryo로 발생하지 않습니다. 이는 하나의 종을 정의할 때 동일한 염색체 수가 중요한 기준이 되기 때문이기도 합니다. 이렇게 염색체 수가 한없이 늘어나는 불상사를 미리 방지하기 위해 우리 몸은 생식세포를 만들어낼 때 염색체 수를 절반으로 줄이는 방법을 취한 것입니다. *enhancer 1*

생식세포 분열로 인해 난자와 정자는 23개의 염색체로 구성되는데, 가끔 오류가 일어나 염색체 수가 24개가 되기도 하고 22개가 되기도 합니다. 이런 현상은 상염색체와 성염색체 어느 곳에서나 일어나는 것으로 보고되어 있습니다. 다운 증후군은 21번 상염색체가 하나가 아닌 두 개가 되어 총 23개가 아닌 24개의 염색체로 된 난자나 정자가 만들어져 생기는 현상입니다.

클라인펠터 증후군의 경우, 난자에서 X 염색체 두 개가 정자의 Y 염색체와 결합하여 XXY 염색체가 되었을 수도 있습니다. 또는 정자에서 XY 염색체 중 하나가 아닌 두 개를 그대로 가져와 난자의 X 염색체와 결합하여 XXY 염색체가 되었을 수도 있습니다. 이런 식으로 난자와 정자의 염색체 수의 문제로 인해 생겨나는 수정란의 발생은 특정 증후군이라는 명칭을 갖게 되는 아이로 태어나는 것입니다. *enhancer 2*

e1. 어떤 동물끼리 교배할 수 있나요?

한 번 정도는 이런 상상을 해본 적이 있지 않나요? 왜 개는 개끼리 교배하고, 고양이는 고양이끼리 교배하는지. 왜 개와 고양이는 서로 교배하지 않는지. 이런 질문은 우리가 아는 다른 모든 동식물로 쉽게 확장되곤 합니다. 저는 여기서 '왜?'라는 질문을 하기 이전에 먼저 물어야할 질문이 있다는 걸 알려드리고 싶습니다. 다음과 같습니다.

"개와 고양이 사이의 교배는 가능한가요?"

왜 서로 교배하지 않냐고 묻기 이전에 교배 자체가 가능한지부터 물어야 순서가 올바르겠지요. 이 질문에 대한 답은 불가능하다는 것입니다. 왜 불가능할까요? 다른 종이기 때문입니다. 다른 종이기 때문이라니 이건 또 무슨 말일까요? 아무래도 종이 무엇인지 잠시 짚어봐야 할 것 같습니다.

한국학중앙연구원에서 편찬한 『한국민족문화대백과사전』에는 종을 이렇게 설명하고 있습니다.

"종은 생물학적으로 다른 종과는 서로 생식적으로 격리된 생물의 집단, 구체적으로는 유전적(遺傳的), 형태적(形態的), 생리적(生理的) 속성에 있어서 다른 종과는 구별이 되는 생물군을 말한다. 종의 개념은 크게 3가지로 구분되는데 형태학적 종, 생물학적 종, 그리고 진화학적 종이다."

이 3가지 종의 개념 중 우리가 관심을 가지고 살펴봐야 할 것은 생물학적 종입니다. 이에 대해선 다음과 같이 정의하고 있습니다.

"생물학적 종(biological species)은 오늘날 가장 널리 받아들여지는 종의 개념이다. 종은 서로 교배하는 자연집단으로 구성되는 군으로 다른 종과는 생식적으로 격리되어 있다고 본다. 즉 종은 하나의 폐쇄된 유전자군을 형성한다는 관점을 가진다. 마이어(Mayr) 등은 형태적으로 종을 구분할 때 생기는 불명확성과 곤란한 점을 감안하여, 생식적 격리(生殖的 隔離)를 기준으로 종을 구분한다. 이 방식은 다른 기준들보다 객관성이 크다는 장점을 가진다. 생물학적 종의 문제점 가운데 자가수정, 단위수정, 영양생식 등과 같이 새로운 개체를 만드는 방식이 필수적으로 개체간 유전물질의 재조합이 이루어지는 형태는 아닌 점과 호랑이와 사자 등 일부 다른 종 사이에 교배가 진행되어 중간형질의 자손을 만드는 점 등이 그에 해당된다."

여기서 우리가 알 수 있는 것은 교배 가능성이 생물학적 종과 거의 동격으로 사용되는 개념이라는 것입니다. 즉 개와 고양이 사이뿐 아니라 사람과 침팬지의 교배가 불가능한 이유는 서로 다른 종이기 때문입니다. 그러나 이것만으로는 완벽한 답이 되지 않습니다. 물이 뭐냐고 물었을 때 워터라고 답하는 것과 비슷한 효과밖에 나지 않으니까요. 우린 여기서 한 걸음 더 나아가야 합니다. 교배가 가능하지 않은 이유가 생물학적으로 무엇 때문인지에 대해서는 답하지 않았으니까요.

왜 종이 다르면 교배할 수 없을까요? 한 가지 이유로 딱 잘라 답할 수는 없지만 가장 대표적이고 쉬운 이유는 염색체 수가 다르기 때문입니다. 개의 염색체는 무려 78개이고, 고양이는 38개입니다. 사람은 46개인데 침팬지는 48개입니다. 염색체 수가 모두 짝수인 이유는 난자와 정자로부터 같은 염색체 수가 합쳐져 두 배로 되기 때문입니다. 모든 2의 배수는 짝수이니까요. 사자와 호랑이는 모두 염색체 수가 38개인데, 사자와 호랑이 사이에서 태어난 라이거는 위에서 언급한 생물학적 종의 정의에 어긋나는 경우입니다. 그래서 과학자들은 '생물학적 종'의 완전한 정의를 위해 한 가지 사실을 더 추가합니다. 교배가 가능하더라도 태어난 개체가 번식 가능해야 한다는 것입니다. 여러분도 아시다시피 라이거는 같은 라이거, 호랑이 혹은 사자와도 교배할 수 없습니다. 염색체 수가 같더라도 말이지요. 즉 염색체 수만 같다고 해서 교배가 가능하지도 않고, 교배가 가능하다고 해서 무조건 같은 종이라고 단정 지을 수 없으며, 교배해서 태어난 개체도 교배 가능해야 비로소 같은 종이라고 정의할 수 있는 것입니다.

enhancer

증폭자. 유전자 발현을 도와주고 조절하고 증폭시키는 역할을 하는 DNA 부분. 본문의 생물학적 지식을 더욱 증폭시켜줄 내용이라는 의미로 이 단어를 활용했습니다.

e2. 염색체 이상으로 인한 증후군은 어떤 종류가 있나요?

염색체 이상으로 인한 대표적인 증후군은 일곱 종류입니다. 모두 선천적인 증후군입니다. 그러나 대부분 부모로부터의 직접적인 유전이 아닙니다. 대부분은 난자와 정자가 세포 분열을 할 때 염색체의 분리가 제대로 이뤄지지 않아 생기는 현상입니다. 그러므로 누구에게나 이러한 일은 일어날 수 있습니다. 일곱 가지 증후군을 간략히 살펴보도록 하겠습니다.

다운증후군 down syndrome; trisomy 21

염색체 이상으로 인한 증후군 중 우리에게 가장 잘 알려진 증후군입니다. 다운 증후군은 21번 상염색체가 2개가 아닌 3개인 경우입니다. 그 결과 총 염색체 개수는 46개가 아니라 47개가 됩니다. 이 증후군인 사람은 인지능력과 신체 및 행동 발달이 평균보다 저하된 양상을 보이지만 그것도 사람마다 정도가 다릅니다. 95% 이상의 다운 증후군은 염색체 분리가 제대로 이뤄지지 않아 발생합니다. 21번 상염색체가 독립적으로 3개 존재하게 됩니다. 약 4% 정도의 다운 증후군은 추가적인 21번 상염색체가 독립적으로 존재하지 않고 다른 번호의 상염색체 예를 들어 14번 상염색체에 붙어서 존재하게 됩니다. 그리고 나머지 약 1% 정도는 전체 세포가 아닌 일부의 세포에서만 추가적인 21번 상염색체

33

가 존재하는 경우입니다.

에드워드 증후군 edwards syndrome; trisomy 18

다운 증후군이 21번 상염색체가 3개인 경우라면, 에드워드 증후군은 18번 상염색체가 3개인 경우입니다. 이 증후군인 사람은 머리와 내부 장기가 정상적으로 발달하지 않습니다. 이 증후군인 아이들 대부분은 심각한 심장 문제를 가집니다. 인지능력에서도 심각한 장애를 겪습니다. 물론 전체의 약 10%에 해당하는, 증상이 상대적으로 약해 5살 정도 혹은 그 이상까지 살 수 있는 아이들의 경우에 해당됩니다. 90%의 아이들은 태어나지 못한 채 죽거나 태어나서 며칠을 버티지 못하고 죽습니다.

파타우 증후군 patau syndrome; trisomy 13

파타우 증후군은 13번 상염색체가 3개인 경우입니다. 이 증후군의 아이들 역시 에드워드 증후군에서처럼 심각한 신체 발달 장애를 겪습니다. 상당히 많은 경우 구개열cleft palate; 입천장갈림증 증상을 보이며 머리 크기가 작습니다. 심각한 인지 장애도 겪습니다. 수명도 에드워드 증후군과 비슷합니다.

클라인펠터 증후군 klinfelter syndrome; XXY

Y 염색체를 가진다는 이유로 남성으로 분류될 수 있지만, 평균적인

남성과는 달리 X 염색체를 추가적으로 하나 더 가지고 있는 증후군입니다. X 염색체 1개여야 할 난자에 X 염색체가 2개인 경우, 그리고 Y 염색체 1개여야 할 정자가 X 염색체도 가지게 되는 경우에 이런 현상이 발생할 수 있습니다. 증상도 사람마다 다릅니다. 미미한 증상을 가진 사람은 자신이 이 증후군에 속하는지 모른 채 살고 있을 수도 있습니다. 태어나기 전에 발견되기도 하지만 어른이 된 이후 불임 검사를 할 때 발견되기도 합니다. 이 증후군의 사람은 불임 가능성이 높습니다.

제이콥스 증후군 jacobs syndrome; XYY

X 염색체 1개, Y 염색체 1개인 평균적인 남성보다 추가적으로 Y 염색체를 하나 더 가진 경우입니다. X 염색체 1개만 가져야 할 난자가 Y 염색체도 가지게 되는 경우 Y 염색체를 가진 정자와 수정란을 만들 때 발생하게 됩니다. 평균적인 남성보다 키가 큰 특징을 보이지만, 별다른 증상은 없다고 알려져 있습니다. 남성 호르몬 양도 정상 범위에 있으며 불임률도 평균적인 남성과 비슷합니다. 학습 장애와 같은 특별한 사건 등으로 인한 검사를 하지 않으면 본인도 부모도 모른 채 살아갈 수 있습니다.

트리플 엑스 증후군 triple-X syndrome; trisomy X

X 염색체를 추가적으로 하나 더 가진 여성이 이 증후군에 해당됩니다. X 염색체를 2개 가진 난자가 수정란을 이루게 될 때 발생하게 됨

니다. 증상은 미미하며 본인은 평생 모르고 넘어가는 경우가 많습니다. 대부분 불임 문제도 없다고 알려져 있습니다. 물론 증상은 사람마다 다양하므로 발육이나 정신적인 문제를 겪는 경우도 드물게 보고되고 있습니다. 이 증후군에 해당하는 여성의 한 가지 공통점은 같은 나이의 여성의 키보다, 그리고 부모의 키를 근거로 예상하는 키보다 크다는 사실입니다.

터너 증후군 turner syndrome; monosomy X

위에 소개한 증후군들과 달리 이 증후군은 염색체가 하나 더 많은 게 아니라 적은 경우입니다. 2개여야 할 X 염색체가 1개밖에 없는 여성이 여기에 해당됩니다. 이 증후군에 속한 대부분의 여성은 같은 나이 여성에 비해 키가 작으며, 유방 발달이 없고, 월경을 겪지 않거나 이차 성징을 거치지 않습니다. 성호르몬의 충분한 공급이 이루어지지 않기 때문입니다. 빈번한 증상 중 하나는 심혈관계가 취약하다는 점입니다.

유전

 여기서 또 한 가지 짚고 넘어가야 할 사실이 있습니다. 앞서 언급한 염색체 이상으로 태어나는 여러 증후군은 부모로부터의 유전이 아니라는 점입니다. 생식세포 분열은 분열 전에 염색체를 복제하여 두 배로 만들지만, 두 번의 연이은 분열로 인해 난자와 정자처럼 보통 세포의 절반에 해당하는 염색체를 갖게 합니다. 그런데 아무도 예측할 수 없는 시기에 염색체가 제대로 분리되지 않아 어떤 난자 혹은 정자는 특정 염색체를 하나씩 갖지 않고 한쪽으로 치우치는 현상이 벌어지게 됩니다. 이때 염색체를 하나씩 사이좋게 나눠 가져야 할 두 난자 혹은 두 정자 중 한쪽은 염색체를 두 개 다 갖게 되고, 나머지 한쪽은 하나도 갖지 못하게 되는 불상사가 벌어지게 되는 것이지요. 우리 몸은 실수를 거의 하지 않지만, 아주 드문 확률로 이렇게 실수를 하기도 합니다. 아무리 정상적인 난자와 정자도 세포 분열 시 이런 사고를 겪게 될 수 있는 것입니다. 즉 염색체 이상을 가진 이들의 출생은 누구에게나 일어날 수 있는 일입니다. 그러니 어떤 증후군의 아이가 있는 부모님은 괜한 죄책감을 가질 필요가 전혀 없습니다. 이런 증후군은 결코 유전으로 인한 일이 아니기 때문입니다.

 저는 생물학 연구실에서 이러한 증후군들에 대해 살펴보며 요한복음 9장에서 제자들이 예수님께 시각장애인으로 태어난 것이 자기의 죄 때문인지 부모의 죄 때문인지 묻는 장면이 떠올랐습니다. 제자들은 나면서 보지 못하는 현상 자체를 죄의 결과로 보고 있는 듯합니다. 예수님은 그런 제자들의 마음을 읽으시곤 이렇게 말씀하십니다.

"예수께서 대답하시되 이 사람이나 그 부모의 죄로 인한 것이 아니라 그에게서 하나님이 하시는 일을 나타내고자 하심이라"(요한복음 9:3)

이 장면에서 예로 든, 앞을 보지 못하는 현상을 모든 선천적인 장애로 확장해도 제자들의 질문은 똑같았을 것 같았습니다. 제자들의 질문의 핵심은 단지 앞을 보지 못하는 상태에 대한 게 아니라 자신의 의지와 상관없이 가지고 태어난 장애나 질병에 대한 것이라고 보았기 때문입니다. 자신의 의지와 상관없이 벌어진 일이기 때문에 아무리 생각해도 명쾌한 답을 알 수 없어 예수님께 여쭤본 것이지 않을까 합니다. 흥미로운 것은 유전학을 배우지도 못했을 제자들이 '죄의 유전'을 한 가지 경우의 수로 보고 있다는 것입니다. 예수님은 아니라고 딱 잘라 말씀하시지만 말입니다. 마치 예수님 혼자 유전학을 공부하시기라도 한 것 같은 뉘앙스로 말이지요.

생물학자에게 DNA는 유전물질일 뿐이기 때문에 사실 제자들의 질문에 대한 예수님의 대답은 반만 과학적으로 맞습니다. 물론 제자들의 질문을 과학적으로만 해석할 때에 국한해서 말이지요. 성경에는 앞을 보지 못하는 사람의 부모가 누구인지, 가족의 가계도가 어떠한지 아무런 기록이 없기에 그 누구도 과학적으로 제자들의 질문에 정확한 답을 할 수 없을 것입니다. 하지만 만약 일반적인 선천적 장애를 두고 하는 질문이라면, 반은 부모로부터 물려받은 DNA상의 결함이 원인일 가능성이 있고, 나머지 반은 앞서 살펴본 염색체 이상으로 인한 다양한 증후군처럼 부모의 DNA와는 무관할 가능성이 있는 것입니다. 유전일 수도 있고 아닐 수도 있습니다. 그래서 저는 이 말씀을 읽으며 섣불리 선천적 장애의 원인을 부모로부터 찾으면 안 된다는 사실을 떠올리게 된 것입니다. 저는 예수님의 말씀처럼 장애가 있는 많은 사람을 통해 하나님께서 나타내고자 하실 일이 분명히 있을 거라고 믿어 의심치 않습니다. 그게 무엇인지는 저마다의 해석에 달려있을 수 있겠지만 말이지요.

너무 곁길로 샌 것 같습니다. 제가 하고 싶은 말은 이것입니다. 46개의 정상적인 염색체로 이루어진 수정란의 탄생은 수정란의 탄생과 함께 실체가 사라져버리는 난자와 정자의 염색체에 달려있다는 사실입니다. 수정란은 모든 인간의 첫 시작이지만, 그 이전에 난자와 정자의 결합이 존재한다는 사실을 다시 한번 상기시켜드리고 싶었습니다. 난자와 정자는 각각 23개의 염색체를 가지고 결합해야 하며 그 이후 수많은 난관을 극복해야 우리가 흔히 정의하는 정상적인 인간으로 발생하는 수정란이 될 수 있는 것입니다.

생물학자인 저는 엄마와 아빠의 믿음으로 자녀가 구원받을 수 있다는 말에 선뜻 동의하기 어렵지만, 엄마와 아빠의 믿음이 자녀의 믿음에 가장 큰 영향을 끼친다는 말에는 충분히 동의할 수 있습니다. 저는 수정란의 염색체와 그 기원이 되는 난자와 정자의 염색체로부터 이 믿음의 비유를 엿볼 수 있었습니다. 그래서 아빠로서 저도 제 아이의 믿음을 위해 저의 믿음을 먼저 돌아보지 않을 수 없었습니다.

수정

       23개씩 정상적인 염색체 수를 가진 난자와 정자가 만나 수정fertilization이 일어나는 과정은 당연한 듯해 보이지만, 모든 생명 현상이 다 그렇듯 사실은 신비 그 자체입니다. 먼저 수정이 일어나는 장소부터 예상을 벗어납니다. 여러분들은 난자와 정자가 처음 만나는 장소가 어디라고 생각하시나요? 예를 들어 수정란이 자궁벽에 착상하니 자궁 어딘가에서 수정이 일어나면 가장 효율적이라고 생각할 수도 있습니다. 수정한 이후 이동 없이 바로 그 자리에 착상하면 불필요한 에너지 소비를 줄일 수 있을 것 같으니까요. 하지만 사실은 그렇지 않습니다. 수정이 일어난 이후 수정란은 곧장 착상하지 않을뿐더러 불필요해 보이는 이동까지 합니다. 정자의 측면에서 보면 나팔관 깊숙이 들어가 난자와 수정란을 만든 뒤 뒷걸음쳐서 좀 더 바깥쪽인 자궁벽으로 나옵니다. 마치 신랑이 신부를 마중 나가 데리고 오는 것처럼 말이지요.

● 숨겨진 기작

실제로 수정 후 일주일 정도가 지나야 수정란은 자궁벽에 착상합니다. 난할이라는 세포 분열을 거듭하며 착상을 준비하는데 수정한 장소로부터 조금씩 뒷걸음칩니다. 뒷걸음치는 것처럼 보이는 것도 불필요한 과정이 아니라 착상을 준비하기 위해 시간을 버는 방법입니다. 바깥쪽보다는 더 안전한 나팔관 안쪽에서 말입니다. 정자는 안전한 곳에서 착상을 준비하려고 일부러 더 깊숙이 이동했던 것입니다. 알고 보니 이렇게 아무것도 아닌 것처럼 보였던 것도 생명의 신비가 담겨있는 것이지요.

이렇듯 이미 확립된 생명 현상 중에는 불필요한 활동은 없다고 보시면 됩니다. 불필요해 보이는 현상들조차도 우리의 지식이 미처 다다르지 못했기 때문에 이해하지 못하고 있었던 것입니다. 아는 만큼 보이고 보이지 않으면 알지 못하니까요. 저와 같은 생물학자들은 이렇게 보이지 않는 생명 현상 이면에 숨겨진 기작을 밝혀내는 사람들입니다. 그런데 창조주 하나님을 믿는 신앙을 가진 생물학자인 저는 이런 신비롭고 놀라운 생명 현상을 밝혀내며 그 누구보다도 하나님의 창조 손길의 경이로움을 경험하고 있다는 신앙고백을 하지 않을 수 없습니다. 이제 소개해 드리는 수정의 순간을 읽으시며 여러분께도 제가 경험한 하나님 창조 손길의 경이로움이 전해지기를 바래봅니다.

이제 수정이 어떻게 일어나는지, 그리고 수정되는 그 순간에 어떤 일이 벌어지는지에 대해서 조금 더 자세히 살펴보겠습니다. 수정은 다음의 네 가지의 주요 사건으로 일어나게 됩니다. 난자와 정자의 접촉 및 인지contact and recognition, 정자의 난자 진입entry, 난자와 정자 사이의 유전 물질 융합fusion, 발생 시작을 위한 난자의 활성화activation입니다.

한 번에 사정되는 정자의 개수는 약 2-3억 개입니다. 하지만 모든 정자가 질과 자궁을 통과하여 나팔관에 진입하지는 못합니다. 알려진 바로는 백만 분의 일 정도로 약 200-300개의 정자만이 나팔관 안으로 진입한다고 합니다. 그리고 이 중에서도 절반 정도는 엉뚱한 곳으로 이동해 결국 난자가 있는 나팔관 주위로 가게 되는 정자는 200개가 채 되지 않는다고 합니다. 이들 중에서도 오직 하나의 정자만이 수정에 성공할 수 있습니다.

수정의 첫 번째 단계는 그야말로 물리적인 접촉 단계입니다. 놀랍게도 이 단순해 보이는 물리적 접촉도 정자의 운동만으로 이루어지지 않습니다. 사정된 정자는 30분 이내에 나팔관에 도달하게 됩니다. 이 짧은 시간은 정자의 운동만으로는 불가능한 시간이라고 합니다. 다른 힘이 작용하고 있는 것이지요. 그 힘은 바로 자궁 근육의 수축입니다. 그런데 정자의 운동과 자궁 근육의 수축으로 정자가 나아갈 힘은 얻지만 정자의 방향까지 결정할 수는 없습니다. 질과 자궁을 통과하여 나팔관 안까지 가는 길은 정자에게는 상당히 긴 구간입니다. 이 길을 제대로 가기 위해서는 방향을 잘 잡아야 할 필요가 있는 것이지요. 나팔관까지 진입한 소수의 정자들은 나팔관으로부터 자궁으로 흘러나오는 신호정자는 더 따뜻한 곳 그리고 황체 호르몬이 더 많은 곳을 민감하게 인지하여 이동한다고 합니다. 그러나 아직도 상세한 분자생물학적인 기작은 알려지지 않았습니다 를 감지해야 하고, 그 유속의 반대 방향으로 계속해서 이동해야 합니다. 그러면서 정자는 점점 성숙화 과정을 겪게 됩니다. 흥미로운 점은 이러한 긴 구간의 이동 과정을 거치지 않은 정자, 즉 갓 사정된 미성숙 정자는 난자가 코앞에 있어도 수정을 시킬 수 없다는 사실입니다.

질과 자궁까지는 직선 코스이기 때문에 거의 모든 정자가 다다를 수 있습니다. 하지만 나팔관으로 진입하는 구간은 방향을 직각에 가깝게 틀어야 하므로 정자는 사정 때 얻었던 추진력만으로는 나팔관으로 진입하기 어렵습니다. 정자 대부분이 나팔관 안으로 진입하지 못하는 이유가 있는 것이지요. 자궁을 통과한 후 다다르는 나팔관은 단순히 정자가 열심히 달려야 하는 길이 아닙니다. 나팔관은 단순히 텅 빈 통로가 아닙니다. 거기엔 상당히 전문화된 조직 세포들이 분포하고 있으며, 정자뿐 아니라 난소로부터 배출된 난자 역시 이 구간을 통과하면서 성숙화 과정을 거치게 됩니다. 수정은 그저 난자와 정자 사이의 수동적인 물리적 접촉으로 일어나는 게 아닙니다. 서로가 나팔관이라는 특수한 통로를 통과하며 성숙화된 난자와 성숙화된 정자가 만나게 되는 것입니다. 수정 장소가 착상이 일어날 자궁이 아닌 나팔관 안쪽인 까닭도 난자와 정자의 성숙화 과정이 필요하기 때문입니다.

　정자가 질과 자궁을 거쳐 방향을 틀어 나팔관에 진입하여 성숙화 과정을 거치게 되면 비로소 수정 능력을 획득하게 됩니다. 이때의 정자는 과활성화hyperactivity, hyperactivated 단계에 들어서게 되는데요. 이 단계에 진입하면 더욱 빠르고 강한 정자가 되어 난자에게 다가갑니다. 이렇게 과활성화된 정자의 비밀은 꼬리에 있다고 알려져 있습니다. 정자의 꼬리 안의 칼슘 채널이 열리기 때문입니다. 이러한 과활성화 단계가 필요한 이유는 나팔관을 이루는 상피세포와의 결합으로부터 자유로워져 난자를 향해 계속 나아가야 하기 때문이라 여겨지고 있습니다. 과활성화되지 않은 정자는 나팔관 상피세포에 붙잡히고 말 수 있다는 말입니다. 성숙화 과정을 거쳐내는 장소가 영원한 무덤이 될 수도 있는 것입니다.

사망에서
생명으로

저에게 닥쳐온 고난과 환란도 이와 같지 않을까 생각해 봅니다. 극복해내면 성숙해지고, 그렇지 않으면 거기서 멈추게 되는 것이지요. 어쩌면 이는 제 인생과 같을지도 모르겠습니다. 출애굽 했으나 아직 이스라엘에 도착하지 못한 채 광야 생활을 하는 이스라엘 백성처럼, 저도 예수님을 믿고 구원받았지만 여전히 영원한 하나님 나라에 들어가지 못한 채 이 땅을 살아가고 있으니까요. 과활성화되어 난자를 향해 나아가는 정자처럼 저도 성령의 충만함을 입어 '지금, 여기'를 하나님 나라로 살아내며 완전한 하나님 나라를 향해 나아가야겠습니다. 제가 살아가는 이 땅은 저 자신의 힘만 의지할 땐 충분히 무덤이 될 수 있지만, 겸손한

자세로 성령의 도우심과 인도하심을 구할 땐 하나님께서 성숙시
켜주시는 연단의 장소가 되리라 믿습니다.

구원의 신호

모든 신앙인이 저마다의 경험이 있겠지만, 저에게도 자궁을 지
나고 나팔관을 통과하는 순간들이 있었습니다. 마흔 언저리, 인생
의 낮은 점을 지나면서 신앙에 깊은 회의가 찾아왔습니다. 확신에
차 있던 많은 것들이 손가락 사이로 모래가 빠져나가듯 의심의
구렁텅이로 떨어졌습니다. 기도도 나오지 않았습니다. 손에 꼭 쥐
고 있던 것들은 저의 내면세계 깊은 곳에 뿌리내린 채 모든 것을
장악하고 있었습니다. 예수님을 믿는다고 하는 저의 신앙은 성공
지향적 가치관에 사로잡혀 있었습니다. 성공이라는 우상을 숭배
하던 저에게 신앙은 빛나는 액세서리일 뿐이었습니다. 그저 제가
바라던 인생의 목표인 성공과 출세의 날카로운 모서리를 덮어줄
효율적인 완충재나 그럴듯한 포장지 역할 정도였습니다. 저는 은
혜의 과정 없이 은혜의 결과만을 취하고, 은혜를 입은 자가 아닌
은혜를 입은 것처럼 보이고 싶어 하는 사람이었습니다. 드러내고
싶은 건 예수님이 아닌 저 자신이었습니다. 맞습니다. 저는 위선
자였습니다. 게다가 저는 낮아지는 것에는 관심 없고 자발적으로
순종하는 것에도 실패했지만 오기와 객기로 충만한 미숙한 신앙

인이었습니다. 하나님을 믿는다고 했지만 그건 삶이 배제된 거짓된 신앙일 뿐이었습니다. 미성숙하기 짝이 없었습니다. 나 자신만 알고 내 능력과 실력만을 믿었습니다. 마치 초기 추진력에 의해서 난자에 다가서려 했지만 나팔관 진입도 하지 못할 게 뻔한 수억 개의 정자 무리 중 하나일 뿐이었던 것입니다. 나름대로 상승기류를 타고 인생의 높은 점을 지나고 있다고 믿었지만, 결국 연료가 떨어진 채 사막 한가운데로 진입하는 자동차일 뿐이었습니다. 저에게 필요한 건 마치 난자로부터 오는 신호를 예민하게 감지하고 올바른 방향을 잡는 정자처럼 자신의 힘이 아닌 외부로부터 주어지는 구원의 신호였습니다. 네, 저에게는 그분의 은혜가 필요했습니다.

저 자신을 돌아보고 저의 영적 상태를 객관적으로 진단하게 된 것 자체가 성령의 도우심이라 믿습니다. 어떤 특별한 계시라든지 사건이 발생했던 건 아니었습니다. 그저 저의 일상을 유지하기에 급급했으니까요. 그러나 바로 그 일상 가운데 제 마음과 생각이 '아, 이게 아닌데…'하는 목소리를 내는 것 같았습니다. 모든 걸 포기하고 싶은 생각이 들 때마다 '다 잃어도 괜찮지 않을까?'하는 목소리가 제 안에서 들리기 시작했습니다. 그 당시 저에게는 하나님의 음성이었던 것 같습니다. 다 잃어도 괜찮다는 건 제 손에 쥐고 있던 모든 것들이 가치 없어 보였기 때문이고, 모든 것이신 하나님이 제 안에 계시다고 믿어졌기 때문이었습니다. 다시 시작할 수 있을 것 같았습니다. 아무것도 없는 곳에서 하나님이 계시기 때문에 모든 걸 다 가진 것 같은 기분이 들었습니다. 공허를 느낄 만한 순간에 충만을 경험하게 된 것이었습니다. 상황에 큰 변화는 찾아오지 않았지만, 제 눈엔 조금씩 다르게 보이기 시작했습니다. 환경을 바꾸거나 벗어나려는 시도는 하지 않아도 되었습니다. 제가 달라지기 시작했던 것입니다. 마법 같았습니다. 지금 생각해 보면, 그때 겪었던 일련의 일들이 저에겐 나팔관 상피세포 역할을 충실하게 해 주었던 것 같습니다. 저는 하나의 정자로서 그 상황들을 뚫고 나가기 위해 부단히도 노력했습니다. 자칫하다간 그때 그곳이 저의 무덤이 될 수도 있었습니다. 하지만 예전과는 달랐습니다. 다시금 하나님 말씀을 읽고 묵상하고, 막히는 곳이 있을 때면 신앙 서적과 신학 서적의 도움을 받아 가며 이해하려고 애썼습니다. 저 혼자만의 힘으로는 아무것도 할 수 없다는 사실을 진리로 받아들이게 되었습니다. 마침내 '나'라는 우물에서 조금이나마 벗어날 수 있었습니다. 영적인 회복을 경험할 수 있었습니다. 그때 그곳은 저에겐 무덤이 아니라 저를 연단하기 위해 하나님께서 준비한 훈련 장소였던 것입니다. 그리고 모든 것이 성령의 도우심이자 하나님의 섭리 가운데 있었음을 고백하게 됩니다.

더불어 하나됨

과활성화된 정자가 빠르고 힘차게 이동하여 난자를 감싸고 있는 난구 세포cumulus cell의 세포 기질에 다다르게 되면, 정자는 세포막 바깥의 히알루로니다아제hyaluronidase라는 효소를 이용해 세포 기질을 부수고 녹여내면서 자신이 지나갈 길을 만들게 됩니다. 이로써 마침내 난자와의 접촉이 가능해지는 것입니다. 그러나 아직 수정되기 위해선 한 단계가 더 남았습니다. 첨단체 반응 혹은 아크로솜 반응acrosome reaction이라는 과정입니다. 이 과정의 분자생물학적인 기작은 아직 잘 알려지지 않았지만, 이 과정으로 말미암아 수정 능력을 획득한 과활성화된 정자는 난자의 세포막 zona pellucida과 접촉하고 세포막 사이의 융합을 시작하게 됩니다. 마침내 두 세포가 하나의 세포로 합쳐지는 순간입니다.

흔한 오해 중 하나는 정자가 난자를 마치 드릴처럼 뚫고 들어간다고 생각하는 것입니다. 난자는 가만히 있는데, 정자만 일방적으로 움직여 마치 정자가 혼자 수정을 성취하는 것처럼 오해되는 부분이 있습니다. 사실은 그렇지 않습니다. 정자와 난자는 세포막 융합을 통해 하나가 됩니다. 수정은 일방적인 반응이 아니라 양쪽의 합의에 기반한 하나됨인 것입니다. 그리고 뒤를 이어 절반씩 가졌던 DNA가 결합해 마침내 온전한 46개의 염색체를 가진 수정란이 됩니다.

저는 이런 생명의 기작 덕분에 예수님의 구원 사건에 대해서도 새롭게 생각해 볼 수 있었습니다. 한동안 저는 예수님께서 구원받을 자 안에 내주하신다는 것은 예수님의 일방적인 행하심이라고만 생각했습니다. 하지만 이 같은 생명의 기작을 보며, 그리고 성경을 다시 읽어보며 조금 다른 각도에서 바라볼 수 있게 되었습니다. 사탄 혹은 귀신은 자기 마음대로 사람의 몸 안으로 들어와 그 사람을 장악하고 악을 행합니다. 하지만 예수님은 저와 우리를 인격체로 대해 주셔서 우리의 마음 문을 두드리시고 우리가 직접 그 부르심에 순종하며 문을 열도록 기다리신다는 것입니다. 전지전능하시고 우리를 창조하신 분께서 우리에게 오실 때 이렇게 인격적으로 다가오신다는 것입니다. 그래서 저는 구원이란 깨졌던 하나님과의 관계를 회복하는 것이며, 그것은 우리의 자발적 순종이 뒤따르는 것이라는 고백을 하게 되었습니다.

"볼지어다 내가 문 밖에 서서 두드리노니 누구든지 내 음성을 듣고 문을 열면 내가 그에게로 들어가 그와 더불어 먹고 그는 나와 더불어 먹으리라"(요한계시록 3:30)

2부

탄생의
여정

자라고 변하는 신앙의 세포

"당신의 인생에서 진정 최고로 중요한 시기는
출생도 결혼도 죽음도 아닌
낭배형성이다."

루이스 월퍼트

난할

그리스도인으로서 거듭났다는 것은 예수님을 영접하고 예수님이 가르쳐주시고 행하신 대로 살아내고자 성령의 도우심을 구하며 자발적으로 예수님의 말씀에 순종하는 여정을 말하는 것입니다. 그래서 사망에서 생명으로 옮겨진 그리스도인은 누구나 두 번째 삶을 살게 되는 것이지요. 예전의 저는 죽었습니다. 그리고 예수님이 부활하셨던 것처럼 저도 새로운 신분, 하나님의 자녀라는 신분으로 다시 태어난 것입니다. 마치 정자가 난자로 다가와 그 안으로 들어가 핵융합 과정을 거쳐 수정란이라는 하나의 세포로 다시 태어나는 것처럼, 죄로 죽었던 저에게 예수님이 다가오셔서 제 안으로 들어와 그리스도인이라는 새로운 인격체로 다시 태어난 것입니다. 그래서 영적인 재탄생을 인간의 탄생에 감히 비유할 수 있는 것이지요.

저는 인고의 나날들을 가까스로 견뎌낸다고 생각했지만, 하나님께서는 저를 연단 시키고 계셨습니다. 언제나 돌이켜 볼 때야 비로소 보이는 하나님의 손길, 그분의 섭리를 저는 이제 의심하지 않습니다. 비록 이해하지 못하더라도 하나님을 신뢰하는 마음이 생겼습니다. 저의 생각은 확장됩니다. 지금 이 순간에도 신실하시고 쉬지 않으시는 하나님이 저를 강한 손으로 인도하고 계신다는 것을 영적인 사실로 믿고 있습니다. 한 가지 바라는 게 있다면, 그 손길을 매 순간 알아채고 감사할 수 있으면 하는 것입니다. 항상 깨어 있으려고 애써야겠습니다. 하나님의 음성 듣기에 항상 예민해야겠습니다.

수정란이 형성되면 가만히 있지 않고 곧바로 변화하기 시작합니다. 한 번 생긴 우리의 신앙이 가만히 있지 않고 변화를 겪는 것과 마찬가지입니다. 이제 이러한 변화 과정을 차근히 살펴보도록 하겠습니다.

• 대칭성 깨짐이 이루는 다양성

수정란이 정상적으로 만들어지면 난할cleavage이라는 세포 분열이 시작됩니다. 하나가 둘이 되고, 둘이 넷이 되지요. 당분간은 이렇게 세포 수가 2의 제곱승으로 늘어나게 됩니다. 늘어나는 세포들이 똑같은 세포이기 때문에 이를 가리켜 '대칭 세포 분열'이라고 부릅니다. 이를 클론 증식이라고 볼 수도 있겠네요. 물론 아주 짧은 시간 동안만 허락된 용어이겠지만요. 세포 수가 8개가 되면 그 다음부터는 '비대칭 세포 분열'이 시작되거든요. 대칭성이 깨지기 때문에 더는 클론이라 할 수 없으며, 분열된 세포의 운명이 각기 달라지는 분화라는 신비한 과정이 시작됩니다.

세포 분열에는 크게 두 가지가 존재합니다. 방금 언급했던 '대칭 세포 분열'과 '비대칭 세포 분열'입니다. 똑같은 세포가 2의 제곱승으로 늘어나는 경우를 '대칭적'이라고 하며, 세포 분열 이후 세포 수가 두 배로 늘어났으나 서로가 다른 세포로 되는 경우를 '비대칭적'이라고 합니다. A 세포가 분열 후 두 개의 A 세포가 되면 대칭 세포 분열, A 세포가 분열 후 하나의 A 세포와 하나의 B 세포로 되면 비대칭 세포 분열입니다.

여기서 재미난 상상을 해볼까요? 먼저 수정란이 세포 분열을 하지 않는다면 어떻게 될까요? 우린 모두 사람의 모습이 아닌 수정란 하나의 알, 하나의 세포로만 존재하게 될 것입니다. 태어나지도 못한 채, 팔도 다리도 심장도 뇌도 아무 장기도 없는 단세포 유기체가 되는 것이지요. 그리고 인류는 순식간에 멸망하게 될 것입니다. 자손을 낳을 수가 없으니까요. 이 질문은 조금 어처구니없는 상상인 것 같습니다. 이번엔 진짜 생물학적으로도 가치 있는 질문입니다. 수정란이 계속해서 대칭 세포 분열만 거듭한다면 어떻게 될까요? 다시 말해 대칭성이 깨지는 순간이 찾아오지 않는다면 어떻게 될까요? 이 질문이 중요한 이유는 '대칭성 깨짐'이라는 사건의 중요성을 시사하기 때문입니다. 우리가 익히 아는 사람의 모습, 아니 모든 동물의 모습은 '대칭성 깨짐' 현상이 발생해서 일어난 결과입니다. 수정란이 세포 분열을 하지 않으면 단 하나의 알로 존재하게 되고, '대칭 세포 분열'만 일어난다면 하나가 아닌 여러 개의 알로 존재하게 될 뿐, 두 가지 경우 모두 사람의 모습이 아닌 알 상태로 존재하게 될 것입니다. 끔찍하지 않나요?

● 같은 세포가 다른 세포가 되는 순간

이런 상상은 상상일 뿐이지만, 그리스도인의 신앙 여정에서는 안타깝게도 상상만은 아닌 듯해 보입니다. 이유는 두 가지로 생각해 볼 수 있습니다. 첫째로 내 신앙을 다른 사람에게 강요하여 자신과 똑같은 신앙을 갖게 하려는 태도입니다. 그리스도인이라면 누구나 그리스도이자 주님이신 예수님을 믿고 따르는 제자의 삶을 살아야 하지만, 각자의 삶에서 살아내는 모습은 다양할 수밖에 없습니다. 그런데도 나와 다른 모든 이에게 획일적인 신앙을 강요한다면 '대칭성 깨짐' 단계를 거치지 않고 계속해서 대칭 세포 분열만 거듭하는 수정란과 같은 상태에 놓이게 될 것입니다. 성장은 물론 성숙도 되지 않아 유아적이고 이기적이어서 그것이 신앙인지 자신의 신념일 뿐인지 모호한 그 어떤 상태에 잠식되고 말 것입니다.

둘째로 사적인 신앙을 넘어 공적인 신앙의 차원에서도 이는 마찬가지입니다. 예를 들어 자신이 속한 교단이나 교파의 우월성을 강조하기 위해 다른 교단이나 교파의 교리와 문화를 인정하지 않고 배척하거나 심지어 이단시하는 태도입니다. 이런 모습 역시 자기중심적인 세계관에서 벗어나지 못한 미성숙한 모습으로 보입니다. 교단과 교파를 예를 들었지만, 교단과 교파를 비판하는 기독교 단체들에서도 이런 모습을 쉽게 발견할 수 있습니다. 제 눈에 이런 신앙인은 여전히 알의 단계에 머물러 있다고 보여집니다. 그러므로 '비대칭 세포 분열'이야말로 발생학의 꽃이라고 볼 수 있습니다. '같음'이 아닌 '다름'의 탄생이며, 획일성이 아닌 다양성의 시작인 것입니다. 알의 단계에서 벗어나 오래전부터 갖추도록 계획된 완전한 모습으로 성장하고 성숙할 수 있는 계기가 되는 것입니다.

2014년경 출판된 논문에 따르면, 포유류에서 수정란이 세 차례 대칭 세포 분열을 거친 뒤 8개의 세포가 되면 비로소 비대칭 세포 분열이 시작된다고 합니다. 처음으로 '같은' 세포가 아닌 '다른' 세포가 탄생하는 순간이지요. 물론 이때는 두 갈래의 세포 형태로만 나누어집니다. 한 갈래는 장차 성체로 변모할 배아를 형성하는 세포inner cell mass 이고, 다른 한 갈래는 배아를 자궁벽에 착상시키고 태반을 형성하기도 하며 배아에게 영양분을 공급하여 배아의 발달을 지지할 영양막을 형성하는 영양세포trophoblast 입니다. 재미있고 놀랍게도 8개 중 3개의 세포만이 배아를 형성하게 되고 절반이 넘는 5개의 세포는 영양막을 형성하게 된다고 합니다. 세포의 수만으로 봤을 때는 주인공이라 할 수 있는 배아보다는 그 주인공을 지지하는 영양세포가 더 많다는 것입니다. 저에게 이 사실은 상당히 의미심장하게 다가왔습니다. 왜냐하면 아기가 태어날 때 버려져서 마치 쓸모없는 것처럼 생각되기 쉬운 영양막이 수정란이 생긴 이후 첫 '다름'의 정체성을 띠게 되는 존재인데도 우리 몸은 이 '다른' 세포에 더 큰 비중을 두고 있기 때문입니다. 영양세포는 버려지는 게 아니라 배아의 온전한 발달을 위해 희생된 것이지요. '다름'이 존재했기 때문에 온전한 한 생명체가 아기로 태어날 수 있는 것입니다.

또한 영양세포는 태반도 형성하기 때문에 엄마와 아기 사이의 통로 역할을 하게 됩니다. 태반을 통해 배아는 산소와 영양분을 공급받습니다. 그러면서 배아는 엄마를 닮지만 엄마와 다른, 독립된 한 사람으로 발생하게 되는 것입니다. '다름'이 존재하지 않는다면 소통은 필요 없을 것입니다. 모두 '나'만으로 가득 찬 세상이야말로 지옥의 다른 이름이지 않을까요? 다름은 다양성과 풍성함의 필수조건입니다. 변치 않는 우리 주님만이 '같음'으로 작용하는 '다름'의 향연. 하나님 나라는 바로 이런 곳에 있지 않을까 합니다.

전능함의 정도

한편, 비대칭 세포 분열이 시작되면서 수정란이 잃어버리게 되는 것도 있습니다. 바로 전능함입니다. '다름'이 생겨나기 전까지의 수정란은 배아inner cell mass로부터와 영양막trophoblast로부터의 두 가지 갈래로 모두 갈 수 있는 능력, 즉 모든 세포로 될 수 있는 능력을 갖춥니다. 이를 totipotent분화전능성 하다고 합니다. 그러나 비대칭 세포 분열 이후 배아가 될 세포들은 이미 영양막으로는 더 이상 갈 수 없는 운명이기 때문에 한 가지 갈래를 상실하게 됩니다. 이를 pluripotent분화다능성 하다고 합니다. 궁극적으로 아기의 모습으로 태어날 배아만 고려할 땐 매우 초기 단기의 배아 안에 들어 있는 세포 덩어리인 속세포덩이inner cell mass도 사람의 모든 세포를 만들 수 있기에 '전능성'이 있다고 말할 수 있겠지만, 아기가 태어날 때 상실되고 희생될 태반을 비롯한 영양막까지 고려하면 그것보다 한 단계 낮은 '다능한' 능력을 지닌다고 해야 하는 것이지요. *enbancer 3*

수정 후 4-5일이 지나면 실제로 수정란은 위에서 언급한 두 가지 세포로 나뉘게 됩니다. 장차 배아가 될 속세포덩이를 둘러싸고 태반을 포함하여 배아를 지지할 영양막이 둥그렇게 생긴 배반포blastocyst의 가장자리에 위치하게 됩니다. 구조적으로 봐도 영양막은 그 안에 있는 속세포덩이를 지키고 보호하는 세포처럼 보입니다. 이때 속세포덩이를 이루는 세포는 약 100-150개 정도 된다고 알려져 있습니다. 이곳은 우리가 어디에선가 들어본 적 있는 배아 줄기세포embryonic stem cell가 비롯되는 장소이기도 합니다. 그리고 이렇게 두 가지 세포로 나눠진 수정란은 이제 엄마의 자궁벽에 착상할 준비가 되었습니다. 수정 후 일주일 정도가 지나면 수정란은 배반포 형태로 자궁벽에 착상하게 됩니다. 영양막이 본격적인 일을 시작할 시기가 찾아온 것이지요. 그리고 영양막의 도움을 받은 속세포덩이도 본격적으로 배아로 발생할 준비를 마칩니다.

e3. 분화 능력의 정도를 나타내는 단어들은 어떤 종류가 있나요?

한국말로 '전능하다'는 표현은 영어로 'omnipotent' 혹은 'totipotent'
라고 합니다. 모든 세포로 분화할 수 있는 능력을 뜻합니다. 반면, 다분
화pluripotent 는 상황에 따라 전능하다고 해석되기도 하고 다능하다고
해석되기도 합니다. 전분화omnipotent, totipotent 보다는 한 단계 분화
능력의 정도가 감소한 것으로 생각하시면 되겠습니다.

다분화multipotent 라는 단어는 다능하다는 뜻입니다. 여러 가지 세
포로 분화할 수 있는 능력이지요. 그리고 소분화oligopotent 라는 단
어도 있는데요. 이는 다분화와 비교하면 다능함의 정도가 감소한 경
우라고 생각하시면 되겠습니다. 분화할 수 있는 갈래의 개수가 더 줄
어든 상태이지요. 세 가지 갈래로 분화할 수 있는 능력을 영어로는
'tripotent'라고 하는데, 이 경우가 소분화에 속한다고 생각하시면 되
겠습니다. 이에 반해 이분화bipotent 는 두 가지 갈래로만 분화할 수 있
는 능력을 뜻합니다. 단분화unipotent 는 한 가지 갈래로만 분화할 수
있는 능력이겠지요. 그래서 분화할 수 있는 능력을 분화할 수 있는 갈
래의 개수로 순서대로 적어 보면 다음과 같습니다.

omnipotent(totipotent) 전분화 ＞ pluripotent 전분화 또는 다분화
＞ multipotent 다분화 ＞ oligopotent 소분화 ＞ bipotent 이분화
＞ unipotent 단분화

사람의 발생과정 전체를 아우를 때, 전분화omnipotent 혹은 totipotent 한 세포는 수정란이 유일합니다. 속세포덩이에서 비롯되는 배아줄기 세포는 사람을 이루는 모든 세포를 만들어낼 수 있기에 전분화라고 할 수도 있지만, 이미 영양막으로 갈 수 있는 능력을 상실했기 때문에 다분화pluripotent라고 할 수 있습니다.

배아줄기세포에 비교되는 성체줄기세포adult stem cell 역시 다분화라고 정의합니다. 성체줄기세포는 보통 각 장기 안에 특정한 부위에 있으며 그 장기를 이루는 모든 세포를 만들어낼 수 있기 때문입니다. 대표적인 예로, 조혈모세포hematopoietic stem cell를 들 수 있습니다. 조혈모세포는 골수bone marrow 안에 존재하며 적혈구와 백혈구로 이뤄지는 모든 혈구세포를 만들어낼 수 있습니다. 소장줄기세포intestinal stem cell 역시 마찬가지입니다. 장 표면이 아닌 창자샘 또는 움crypt 이라는 저 깊숙한 바닥에 위치하며 장을 이루는 모든 세포를 만들어낼 수 있습니다. 즉, 수정란을 제외한 모든 줄기세포는 다분화pluripotent 하다고 말할 수 있는 것입니다.

그렇다면 다능한 세포multipotent는 어떤 세포를 뜻하는 걸까요? 성체줄기세포는 각 장기의 모든 세포를 만들 수 있지만 혼자서 직접 그 일을 다 수행하지는 않습니다. 어떤 조직의 보스는 직접 일하지 않고 바로 아래에 행동대장 같은 존재를 부리곤 하지요. 성체줄기세포를 보스에 비유하면 이해가 쉬울 것 같습니다. 그리고 성체줄기세포가 한 번 세포 분열을 하여 만들어진 세포를 행동대장으로 생각하시면 되겠습니다. 이 세포들을 통칭하여 다분화성 전구세포mutipotent progenitor cell라고 부릅니다. 조직마다 장기마다 다르겠지만, 이 전구세포들은 이행증식세포transit amplifying cell; TA cell로 작용하기도 합니다. 분화 능력 차원에서 줄기세포 바로 다음 단계에 위치하면서 세포 분열이 활발하며 실질적으로 대부분의 세포를 만들어내는 역할을 담당하는 세포입니다.

소분화 그리고 이분화 역시 이와 같은 논리로 이해하면 되겠습니다. 다분화성 전구세포들이 최종 분화된 세포로 되기 위해서는 최소 두 차례 이상의 세포 분열을 거듭해야 합니다. 서너 가지 정도 갈래로 분화할 수 있는 능력을 갖춘 세포들을 소분화하다고, 두 가지 갈래로 분화할 수 있는 세포들을 이분화하다고 이해하시면 되겠습니다.

마지막으로 단분화한 세포는 오직 한 세포로만 분화할 수 있는 능력을 갖춘 세포로 이해하시면 되겠습니다. 대부분 단분화한 세포들은 한 번 세포 분열을 거치면 최종 분화된 세포terminally differentiated cell가 됩니다. 비로소 각 조직과 기관에서 완전한 기능을 담당하는 세포가 되는 것이지요. 참고로, 최종 분화된 세포는 특별한 경우가 아니라면 더 이상의 세포 분열을 하지 않는답니다.

낭배형성

수정 후 두 주 정도가 되면 드디어 배아는 생애 가장 중요한 시기를 거치게 됩니다. 바로 낭배형성gastrulation 시기입니다. 저명한 발생학자 루이스 월퍼트Lewis Wolpert는 다음과 같이 말했습니다.

"당신의 인생에서 진정 최고로 중요한 시기는 출생도 결혼도 죽음도 아닌 낭배형성이다."

도대체 낭배형성이 무엇이길래 인생 전체를 통틀어 가장 중요하다고 하는 걸까요? 우리가 기억하지도 못하는 태곳적에는 어떤 일이 벌어졌던 걸까요? 루이스 월퍼트의 말을 이해하기 위해서는 낭배형성이 무엇인지부터 간략하게나마 알아볼 필요가 있겠습니다. 생소한 생물학적 용어가 등장하는데 그런 것이 있다는 정도로만 넘기시고 따라오시면 루이스 월퍼트가 말한 우리가 전혀 알 수 없었던 인생의 최고의 시기를 만나 보실 수 있게 되실 겁니다.

가장 중요한 시기

먼저 낭배형성 시기는 동물에게만 존재합니다. 식물은 낭배를 형성하지 않습니다. 즉 낭배형성은 동물이 동물답게 되는 과정이라고 할 수 있겠습니다. 배아를 형성할 속세포덩이들은 새로운 위치로 이동하여 자리 잡게 됩니다. 새로운 이웃 세포들을 가지게 됩니다. 그러면서 원시 선primitive streak 이라는 일시적인 구조물을 형성하게 되는데요. 원시 선은 처음으로 배아에서 축이 생겨나게 만들며, 세 가지 배엽 3 germ layers: 내배엽endoderm, 중배엽mesoderm, 외배엽ectoderm 의 형성, 즉 낭배형성의 첫 신호가 됩니다. 여기서 배엽이란 우리가 익숙한 심장이나 위장 혹은 피부 같은 모든 장기 및 조직들이 장차 만들어질 다능한 전구세포 precusor cells 의 집합이라고 생각하시면 되겠습니다. 그리고 이 시기의 배아를 낭배gastrula 라고 부릅니다.

내배엽은 세 가지 배엽 중 가장 안쪽에 위치하며 소화계, 내분비계, 호흡계 기관으로 분화하게 됩니다. 중배엽은 내배엽과 외배엽 중간에 위치하며 근골격계, 순환계, 생식계, 배출계 기관과 결합조직으로 분화하게 됩니다. 외배엽은 가장 바깥에 위치하며 신경계 기관과 상피조직으로 분화하게 됩니다. 세 가지 배엽은 며칠 이내에 사라지게 됩니다. 아니, 사라진다는 표현보다는 모습을 탈바꿈한다고 표현해야 할까요? 각 배엽들은 우리가 익숙한 여러 장기를 만들어낸 뒤 원래의 모습만 사라지게 되는 거니까요. 물론 똑같지는 않지만, 애벌레가 번데기를 거쳐 마침내 나비가 되는 모습이라고 할 수도 있습니다.

또한 낭배형성 시기에는 우리 몸의 세 가지 축이 형성됩니다. 세포의 이동이 축을 만들기도 하지만, 이 축을 따라 세포의 이동이 일어나게 됩니다. 세 가지 축은 전후anterior-posterior, 등배dorsal-ventral, 그리고 좌우left-right 축입니다. 배아는 마침내 3차원 유기체로서의 방향성을 가지게 되는 것이지요. 꼬리가 없는 사람의 경우, 전후 축은 입에서 항문으로 이어지는 축입니다. 등배 축은 사람에게선 앞면과 뒷면으로 이어지는 축입니다. 그리고 좌우 축은 상식적으로 왼쪽과 오른쪽을 나누는 축입니다.

사람의 몸은 언뜻 보기엔 좌우 대칭으로 보이지만 전후 축과 등배 축처럼 좌우 축 역시 비대칭입니다. 대부분 사람의 심장은 왼쪽에 위치하고, 간은 상대적으로 오른쪽에 치우치기 때문입니다. 거울 앞에서 자신의 얼굴을 가만히 살펴보면 눈, 눈썹, 귀, 콧

구멍도 단순 대칭이 아니라는 사실을 쉽게 발견할 수 있습니다. 얼굴뿐인가요? 가슴이나 팔, 다리 등 좌우에 대칭으로 존재하는 기관들은 모두 똑같지는 않답니다. 세포생물학적으로 설명하자면, 겉으로 보기에 대칭적인 기관들도 알고 보면 모두 저마다 다른 줄기세포에서 기원했음을 알 수 있습니다. 우리 몸 하나 안에도 똑같은 건 없는 셈이지요. 똑같아 보여도 똑같지 않습니다.

루이스 월퍼트가 말한 낭배형성이 중요한 이유는 장차 모든 장기의 발달이 일어날 전구체의precursor 모습이 갖춰지는 시기가 바로 이때이기 때문입니다. 낭배형성 단계에서 결함이 생기면 엄마 배 속의 아이는 대부분 발달을 멈추고 죽게 됩니다. 결함이 생겼는데도 죽지 않는다면, 아이는 기형으로 태어납니다. 겉으로 보이는 기형도 있지만, 내부 장기에 문제가 생긴 경우도 있습니다. 한 가지 대표적인 사례는 샴 쌍둥이siamese twin 의 탄생입니다.

• 샴 쌍둥이

방송, 영화, 유튜브, 책과 같은 미디어나 실생활에서 드물게 볼 수 있는, 머리가 서로 붙어 있거나 혹은 한쪽 몸을 공유하고 있는 쌍둥이를 샴 쌍둥이라고 합니다. 공식 명칭은 결합 쌍둥이 conjoined twin인데요. 19세기 초, 태국의 시암siam 지방에서 태어나 63년을 살았던 벙커Chang and Eng Bunker 형제로 인해 이들의 존재가 전 세계적으로 알려졌기 때문에 마치 고유명사처럼 쓰이게 된 용어입니다. 벙커 형제는 기형으로 태어났음에도 불구하고, 분리 시술도 하지 않은 채 각각 결혼도 하고 자녀도 낳고 평균 수명을 살아냈습니다. 대부분의 샴 쌍둥이는 사산되거나 태어나더라도 얼마 지나지 않아 죽게 되는데요. 벙커 형제가 평균 수명을 살아낼 수 있었던 이유는 공유하는 장기가 '간' 밖에 없었기 때문으로 보는 게 가장 타당할 것 같습니다. 물론 겉으로는 가슴 일부만 서로 붙어 있는 것처럼 보입니다. ▢ *enhancer 4*

이러한 샴 쌍둥이가 발생하는 원인은 낭배형성이 시작되기 직전에 일시적으로 생겨나는 원시 선이 하나만 생겨야 했으나 알 수 없는 이유로 인해 두 개가 되었기 때문입니다. 원시 선은 배아의 전후 축을 형성하는 역할도 하는데, 하나가 아닌 두 축이 형성된다는 건 곧 그에 따라 두 배아가 발생한다는 의미입니다. 그런데 그 두 축이 독립적으로 분리되어 있다면 우리가 잘 아는 일란성 쌍둥이로 발생할 수 있지만, 불완전 분리가 일어나 두 축의 일부가 붙어버리게 되면 샴 쌍둥이로 발생하는 것입니다. 어느 부분이 얼마나 붙는지에 따라 샴 쌍둥이가 서로 공유하는 부위가 결정되게 됩니다. 벙커 형제의 경우엔 가슴 일부를 공유했기 때문에 낭배형성 전에 원시 선이 두 개가 생겨날 때 앞쪽 끝이나 뒤쪽 끝이 아니라 가운데 부분이 약간만 붙어 있었다는 것을 어렵지 않게 유추할 수 있습니다. 만약 머리가 붙은 채로 태어났더라면 원시 선의 앞쪽 끝이 붙고 나머지는 분리된 채 낭배형성 시기로 넘어간 것으로 유추할 수 있겠습니다.

순전한 신앙, 순진한 신앙

저는 원시 선이나 세 배엽과 같이 배아의 발생 단계에만 일시적으로 생겨났다가 사라지는 구조물을 보며 우리의 신앙도 비슷하지 않나 하는 생각을 합니다. 우리가 그리스도인이 된 이유는 누군가가 우리에게 예수님의 복음을 전해주었기 때문입니다. 저는 처음 복음을 듣고 예수님을 나의 구원자이자 나의 주님으로 영접했던 날을 떠올려 보았습니다. 나의 현재 신앙은 원하든 원하지 않든 처음 복음을 들려준 사람의 신앙에 영향을 받을 수밖에 없습니다. 그리고 그 사람으로부터 시작하여 계속해서 복음을 듣고 또 듣고, 말씀을 읽고 또 읽으면서, 예수님을 영접할 때 내주하신 성령님의 인도를 받으며 차츰 나 자신만의 고유한 신앙을 갖게 됩니다. 여기서 자신만의 고유한 신앙이란 철저하게 그리스도 안에 있는 풍성한 다양성에 기반합니다. 루이스C.S. Lewis 가 말한 '순전한 기독교'에 해당하는 부분을 제외한다면모든 기독교에서 공통적인 핵심 부분을 제외하면, 세계 각지에는 저마다의 개성을 가진 방식으로 하나님을 섬기는 하나님의 백성들이 흩어져 있습니다. 제가 한국과 미국에서 지내며 영향을 받은 그리스도인들은 감리교, 성공회, 성결교, 장로교, 침례교 등에 몸담고 있는 개신교인도 있지만, 로마 가톨릭에서 신앙을 지켜나가는 분들도 있고, 동방 정교회에서 하나님을 예배하는 분들도 있었습니다. 저마다 조금씩 다른 교리와 예전의 모습이지만 결국 하나님 나라 백성으로 살아가고 있다는 것을 경험했습니다.

그런 이유로 처음 복음을 전해준 사람이 장로교 교인이라면 장로교 교리와 문화에, 성공회 교인이라면 성공회 교리와 문화에 익숙해질 수밖에 없습니다. 이런 현상은 지극히 당연합니다. 그 사람에게는 그 교리와 문화를 가진 기독교가 처음 접하는 기독교의 모습일 테니까요. 갓난아이에게는 부모가 세상 전부인 것처럼 말이지요. 그러다 보니 저는 한동안 제가 처음 접한 기독교의 교리와 문화가 모든 기독교의 교리와 문화인 것처럼 확신했습니다. 나아가 내 신앙만 옳고 다른 교단이나 교파의 교리와 문화는 틀린 것처럼 여기는 어리석음을 범했습니다. 저는 이런 어리석음의 과정에서 이런저런 갈등을 겪으며 이것이 얼마나 미성숙하고 유아적이며 자기중심적이고 폭력적인 관점인지 깨닫게 되었습니다. 만약 이런 관점들이 지속되어 신앙이 성숙하지 못한다면 배아의 발생 단계에서 일시적으로 존재했다가 사라져야만 할 원시 선이나 세 배엽이 계속해서 남아 있는 상황과 다를 바 없다는 생각이 들었습니다. 원시 선과 세 배엽이 그것들의 모습 그대로 남아 있게 되면 낭배형성은 일어나지 않게 되고 궁극적으로 모든 장기의 발달도 불가능하게 되며 결국 배아는 죽음을 맞이하게 됩니다. 산모에게는 임신한 지 한 달 채 되지 않아 사산하게 되는 결과를 낳게 됩니다. 파멸이지요.

저는 낭배형성 과정을 공부하며 개인적으로 순전한pure or core or mere 신앙은 변함없이 간직해야 하지만, 순진한naive 신앙은 성장과 성숙을 거쳐야 한다고 적용했습니다. 제가 처음 접한 기독교의 모습은 기독교 전체의 모습이 아니기 때문입니다. 십 대 때 하나님을 만난 이후 사십 대 중반을 넘어서기까지 만난 하나님 나라는 풍성함과 다양함이 공존하는 곳이었기 때문입니다. 제가 만난 하나님 나라는 마치 서로 다른 지체들이 유기적으로 하나의 몸을 이루듯, 순전함에 기반한 다양한 신앙의 모습을 서로 연합하고 보완하며 하나님 나라를 이루어 가고 있었습니다. 이런 하나님 나라를 만나며 제 안의 편협하고 옹졸한 관점을 내려놓고 다양성을 존중하는 것이 하나님 나라를 이루어 가는 중요한 일이라는 것을 깨닫게 되었습니다. 건강한 아이의 탄생을 위하여 발생 과정에서 일시적으로 존재하는 구조물들은 사라져야만 하는 것입니다. 그래야 비로소 다양한 장기들을 만들 수 있는 준비가 되기 때문입니다. 이제는 낭배형성이 끝나고 본격적으로 각 배엽으로부터 계획에 따라 다양한 조직과 기관들이 형성될 시기입니다. 다음 장에서 간략하게 살펴보도록 하겠습니다.

e4. 쌍둥이는 어떻게 생기나요?

　자연적으로 쌍둥이가 생길 확률은 낮습니다. 일반적으로 쌍둥이는 일란성, 이란성, 샴, 이렇게 세 가지로 분류할 수 있습니다. 재미있게도 이 세 가지는 발생학적으로 생성되는 시기가 다릅니다. 먼저 일란성monozygotic; one-egg; identical 쌍둥이는 약 400명 중 한 명꼴로 생깁니다. '일란성'이라는 이름에서 알 수 있듯, 난자 하나와 정자 하나가 만든 하나의 수정란이 세포 분열을 겪는 과정에서 알 수 없는 이유로 두 배아로 분리되어 생겨납니다. 또한, 배아를 둘러싸고 있는 가장 바깥쪽의 융모막chorion 을 공유하는지, 가장 안쪽의 양막amnion 을 공유하는지에 따라 세 가지로 더 분류되기도 한답니다.

　이란성dizygotic; two-egg; fraternal 쌍둥이는 두 개의 난자와 두 개의 정자가 각각 수정란을 형성하기 때문에 생겨납니다. 시험관 아기 시술을 하게 되면 산모에게 배란 유도제 투여 및 복수의 수정란 이식 등의 이유로 이란성 쌍둥이의 발생 빈도가 높아집니다.

　이에 반하여 샴 쌍둥이는 주로 일란성 쌍둥이의 일종으로 낭배형성 결함이 발생 이유라고 알려져 있습니다. 약 20만 명 중 한 명꼴로 샴 쌍둥이가 생겨난다고 보고되어 있습니다. 낭배형성이 시작되는 장소이자 배아 단계의 일시적 구조물인 원시 선primitive streak이 알 수 없는 이유로 하나가 아닌 둘이 생겨나고, 그 둘이 서로 완벽하게 분리되지 않은 채 특정 부위만 붙어 있는 상황에서 샴 쌍둥이가 발생한다고 보여집니다. 붙어 있는 부위가 머리일 수도 있고, 배와 가슴일 수도 있으며, 몸통과 한쪽 다리일 수도 있는 것입니다.

낭배형성까지의 발생과정을 수정, 난할수정 후 세포 분열, 낭배형성 이렇게 세 단계로 볼 때 이란성 쌍둥이는 첫 번째 수정 단계에서, 일란성 쌍둥이는 두 번째 난할 단계에서, 샴 쌍둥이는 세 번째 낭배형성 단계에서 생겨나는 것입니다. 쌍둥이라고 해서 다 같은 기작으로 생겨나지 않는 것이지요. 정말 신기하지 않나요?

신경배형성

세 가지 배엽과 세 가지 축이 생겨나는 낭배형성 시기를 지나면 본격적으로 조직과 기관이 만들어지기 시작합니다. 구조적으로만 나뉘었던 세 배엽이 서로 다른 자기만의 고유한 기능을 담당하기 시작하는 것입니다. 뇌, 피부, 간, 폐 같은 여러 기관은 처음부터 존재하던 게 아니라 이렇게 하나씩 만들어지는 것입니다. 정말 놀랍지 않나요? 수정란이 만들어질 때부터 이미 프로그램되어 있던 것들이 정확한 시간과 정확한 장소에서 하나씩 차례대로 실행되는 것입니다. 먼저, 세 가지 배엽 중 가장 바깥쪽의 외배엽이 담당하게 될 세가지 주요한 일은 다음과 같습니다.

외배엽으로부터

첫째, 곧 신경관neural tube 으로 변형될 신경판neural plate 의 형성입니다. 신경관은 장차 뇌와 척수로 구성되는 중추신경계가 될 전구체입니다. 둘째, 장차 피부의 가장 바깥쪽에 위치할 상피의 형성입니다. 놀랍게도 우리 몸에서 가장 거대한 기관이 바로 상피라는 사실 알고 계셨나요? 셋째, 장차 말초 신경계와 멜라닌세포를 만들 신경능선세포neural crest cell 의 형성입니다. 이렇게 서로 다른 세 가지 부위로 외배엽이 구분되는 과정을 신경배형성neurulation 과정이라고 부릅니다. 낭배형성 시기 바로 다음에 일어나는 과정이 되겠습니다. 낭배형성기의 배아를 낭배라고 부르고, 신경배형성기의 배아를 신경배neurula 라고 부릅니다. 아마도 여기서 한 가지 궁금증이 생겼을 것입니다. 피부나 손톱 혹은 머리카락 같은 우리 몸의 가장 바깥쪽의 상피조직이 외배엽으로부터 만들어진다는 사실은 쉽게 수긍이 되지만, '중추신경계'라고 하면 몸속 깊은 곳에 있어야 할 것 같은데, 왜 가장 안쪽의 내배엽이 아닌, 가장 바깥쪽의 외배엽에서 만들어지는 걸까요?

과학자들도 '왜'라는 질문 앞에서는 정확한 답을 모릅니다. 그러나 과학자들은 아직 정확한 기작은 잘 모르지만 어쨌거나 중추신경계를 만들게 될 신경판이 처음에는 배아의 가장 바깥쪽에 있다가 배아의 안쪽으로 이동해서 신경관을 형성한다는 사실을 관찰해냈습니다. '왜'라는 질문에 대한 답으로써는 턱없이 부족한 수준이지만, 그 당시 과학자들에겐 그것이 최선이었습니다. 과학은 만능 진리가 아닙니다. 언제나 그 시공간에서 가능한 최선의 답일 뿐입니다.

신경관 형성과 뇌 성장

이제 다시 신경배형성 과정을 조금 더 살펴보도록 할까요? 처음에는 넓적한 하나의 판으로 존재하던 외배엽은 판 양쪽 끝부분이 위를 향하여 이동하고 그러면 자연스럽게 가운데 부분은 아래로 처지는 꼴이 됩니다. 서로 만나게 되면서 가운데 부분은 둥글게 말리는 동시에 아래로 뚝 떨어져나와 원통형 신경관이 되고, 신경관 바로 위에서 만난 양쪽 끝부분은 하나의 판으로 합쳐지면서 상피가 됩니다. 그리고 상피와 신경관 사이에 있던 일련의 세포들이 신경능선세포가 됩니다. 하나였던 외배엽이 이렇게 세 가지로 구분되는 것이지요.

초기 신경관은 전후 축을 따르는 직선으로 길쭉한 원통형 구조물처럼 생겼습니다. 앞에서부터 차례대로 전뇌forebrain, 중뇌midbrain, 후뇌hindbrain, 그리고 척수를 발생시키게 됩니다. 전뇌는 대뇌반구cerebral hemispheres를 형성하게 되고, 중뇌는 동기부여, 움직임, 우울증에 관련된 신경세포로 구성되게 되며, 후뇌는 소뇌cerebellum, 교뇌pons, 연수medulla oblongata로 발생하게 됩니다. 또한 이렇게 세 가지 뇌에 이어, 역시 전후 축을 따르며 뒤쪽에서는 척수가 발생하게 됩니다. 조금씩 중추 신경계를 만들어가고 있는 것입니다.

사람의 뇌는 대략 1,300-2,000억 개의 세포로 이루어진다고 합니다. 세포의 종류도 다양한데요. 이렇게나 다양하고 많은 세포는 모두 신경관을 이루는 다능한 신경상피세포neuroepithelial cell에서 비롯됩니다. 신경상피세포는 초기 배아 단계에서만 존재하고 궁극적으로는 모두 뇌실막세포ependymal cell와 방사신경아교세포radial glial cell로 변형됩니다. 그리고 바로 이 방사신경아교세포가 신경줄기세포neural stem cell로 작용하게 됩니다. 마침내 뇌와 척수를 이루는 모든 신경세포들을 만들며 중추신경계를 완성할 수 있게 되는 것입니다.

얼마 전까지만 해도 대부분의 과학자는 배아 상태와 갓난아이 상태일 때 진행되는 신경세포의 초기 성장 이후에는 뇌의 급격한 발달이 멈춘다고 알고 있었습니다. 재미있게도 비교적 최근에 밝혀진 바에 따르면 우리의 뇌는 이차성징이 일어나는 사춘기에 이르기까지 조금씩 지속해서 발달한다고 합니다. 또한 뇌의 여러 영역마다 발달 속도가 다르다는 사실도 알아냈습니다.

안타깝게도 사춘기가 지나면 뇌의 발달은 멈춥니다. 그러나 신경세포 간 시냅스를 다듬는 일은 지속해서 일어난다고 합니다. 이렇게 뇌의 발달이 멈추고 시냅스를 다듬는 시기는 우리가 새로운 언어를 배울 때 어려워지는 시기와 맞아떨어진다고 합니다. 아이들이 새로운 언어를 배우는 능력이 어른보다 좋은 이유가 여기에 있을지도 모르는 것이지요. 사춘기 이전에 여러 언어를 접하고 배워두는 것도 발생생물학을 배웠다면 실천할 수 있는 한 가지 좋은 팁이라는 생각입니다. 어른이 되고 나서 외국어를 배우기에는 발생학적으로 이미 어려운 상태가 되어 있을 테니까요. 발생학적 지식이 없는 우리 어르신들의 '머리가 말랑말랑할 때'라는 표현이 알고 보니 틀린 말은 아니었던 셈입니다.

신경능선세포

외배엽으로부터 비롯되는 신경능선세포는 배아 단계에서만 존재하는 세포로써 여러 장소로 이동하는 특징이 있으며 다양한 종류의 세포로 변환될 수 있는 다능한 세포입니다. 해부학적인 위치에 따라 4가지로 나뉠 수 있습니다. 첫째, 머리 신경능선세포 cranial neural crest cell. 둘째, 심장 신경능선세포cardiac neural crest cell. 셋째, 몸통 신경능선세포trunk neural crest cell. 넷째, 엉치 신경능선세포vagal and sacral neural crest cell. 이 세포들은 다양한 감각 시스템, 교감신경, 부교감신경을 이루는 여러 신경세포와 교질세포를 만들고말초 신경계를 형성하는 것입니다. 부신에서 아드레날린을 생성하는 세포들을 만들기도 하며, 피부 상피층의 멜라닌세포를 만들기도 합니다. 그리고 머리와 얼굴을 이루는 많은 골격조직과 연결조직 세포들을 만들기도 합니다.

신경능선세포의 가장 특이한 점은 여러 장소로 이동한다는 것입니다. 외배엽에서 비롯되는 신경관이나 상피 같은 경우엔 세포가 독립적으로 이동하지 않습니다. 대신 주변 환경과 여러 가지 신호를 주고받으며 세 가지 축에 따라 그 자리에서 여러 조직과 기관으로 발생합니다. 다음 장에서 살펴볼 중배엽과 내배엽으로부터의 발생도 마찬가지입니다. 그러므로 신경능선세포가 여러 장소로 이동하여 여러 가지 세포로 분화할 수 있다는 건 굉장히 이례적인 일입니다. 그래서 일부 발생학자들은 신경능선세포를 외배엽, 중배엽, 내배엽에 이은 네 번째 배엽이라고까지 부르기도 합니다. 신경능선세포의 이동 혹은 발달에 문제가 생기면 바르덴부르크 증후군waardenburg syndrome, 히르슈스프룽병hirschsprung's disease, 태아기 알코올 스펙트럼 장애fetal alcohol spectrum disorder와 같은 선천성 질환을 야기하게 됩니다. enhancer 5

기원판

보고, 듣고, 냄새 맡고, 맛볼 수 있는 감각기관들은 모두 외배엽으로부터 비롯됩니다. 유독 감각기관들은 우리 몸에서 머리에 집중되어 있습니다. 이러한 기관들은 배아의 가장 바깥쪽에 있는 외배엽의 일정 부분, 즉 신경관이나 신경능선세포를 형성하지 않는 부분 중 일부가 두꺼워지면서 발생하기 시작합니다. 이렇게 두꺼워지는 부분을 기원판placode 이라고 부릅니다. 감각기관을 형성하는 기원판과 감각기관과 상관없는 기원판이 존재합니다. 머리 부분에 생겨나는 감각 기원판들은 냄새를 맡게 해주는 코의 후각상피, 소리를 듣고 몸의 균형을 인지하게 해주는 귀의 내이 전체, 안구의 수정체 등을 형성합니다. 이와는 다르게 감각기관과 상관없는 기원판들은 치아 발생을 위한 경구상피, 머리카락, 유선, 땀샘과 같은 몸 전체에 걸쳐 있는 피부 구조들을 형성합니다.

● 상피

피부는 크게 두 부분으로 나눌 수 있습니다. 상피epidermis 와 진피dermis 입니다. 상피는 가장 바깥쪽에 위치하며 외배엽으로부터 기인하고, 진피는 상피 아래쪽에 위치하며 중배엽으로부터 비롯되게 됩니다.

● 자극에 반응하기

낭배 단계의 세 배엽 중 가장 바깥쪽의 외배엽에서 비롯되는 조직과 기관은 위에서 살펴봤듯이 많은 부분이 감지하고 느끼고

인지하는 능력과 관련되어 있다는 사실을 알 수 있습니다. 마치 외부에서 내부로 이어지는 연결고리들을 형성하는 것처럼 보이지 않나요? 외배엽은 중추 신경계, 말초 신경계, 감각기관들은 물론 땀샘이나 멜라닌세포, 그리고 피부의 상피층을 모두 만들기 때문입니다.

참고로, 우리는 빛은 눈으로, 소리는 귀로, 냄새는 코로, 맛은 혀로, 촉감은 피부로 감지합니다. 이런 능력을 달리 표현하자면, 외부로부터의 자극을 받아들이고 반응하는 능력이라고 할 수 있습니다. 자극에 반응한다는 건 생물과 무생물을 나누는 7가지 잣대 중 하나입니다. 이렇게 외배엽으로부터의 발생은 배아가 자극에 반응하는 생물로 점점 준비되는 과정의 일환입니다.

enhancer 6

e5. 발달 문제로 인한 선천성 질환은 어떤 것들이 있나요?

바르덴브루크 증후군

바르덴브루크 증후군waardenburg syndrome 은 신경능선세포 이동의 결함으로 인해 발생하는 장애입니다. 하위 부류로는 4가지 유형이 존재합니다. 각각 원인 유전자가 다르거나 생리학적 특징이 다르지만, 두 가지 공통된 증상이 있습니다. 선천성 청각 장애와 피부, 머리카락, 눈의 색소변화입니다. 멜라닌세포가 신경능선세포로부터 비롯된다는 것을 떠올리면 되겠습니다. 이 증후군 중 사 분의 일 정도가 두 눈의 색이 다른 이색 홍채 증상을 가진다고 합니다. 예를 들어 한쪽 눈은 아시아인에게서 가장 흔한 갈색인데, 나머지 한쪽 눈은 멜라닌세포가 부족하여 파란색인 사람이 바로 이 경우입니다. 백인이 아닌 사람이 파란 눈을 가지고 있다면 이 증후군에 속할 확률이 높습니다. 요컨대, 몸 전체가 아닌 부분적으로 멜라닌세포가 없는 경우를 생각하시면 됩니다. 참고로, 파란색 눈은 실제로 파란색을 띠는 세포가 눈 속에 있기 때문이 아니라 빛의 반사 때문입니다. 흔히 볼 수 있는 파란색 하늘이나 바다를 떠올리면 됩니다. 하늘과 바다가 실제로 파란색은 아니니까요. 이 증후군에 속한 하위 부류 중 대부분은 상염색체 우성 유전을 나타냅니다.

히르슈스프룽병

히르슈스프룽병hirschsprung's disease 역시 신경능선세포의 정상적인 이동 혹은 발달의 결함으로 발생하는 질환입니다. 이 질환의 특징은 장 일부에 신경계가 제대로 분포하지 않는다는 것입니다. 말초 신경계가 신경능선세포로부터 발생한다는 사실을 상기하시면 되겠습니다. 증상은 사람마다 다양한데 가장 흔한 증상은 변비입니다. 장운동이 정상적으로 작동하지 않아 배설 작용에 어려움을 겪기 때문입니다. 선천성 질환이지만 이 질환을 앓는 어떤 사람도 부모로부터 유전되는 것은 아니라고 합니다. 배아 발달 과정 중 유전적 결함 없이도 신경능선세포의 이동과 발달이 저해될 수 있다는 것이지요. 신경계가 분포되어 있지 않은 장 부위를 잘라내어 나머지를 연결하는 수술적인 방법이 동원되면 별 지장 없이 살 수 있습니다.

태아기 알코올 스펙트럼 장애

산모의 임신 중 알코올 섭취는 태아 발달 장애의 주요 요인 중 하나입니다. 의도하지 않아도 산모만 술을 마시는 게 아니라 태아도 강제적으로 술을 마시게 되는 상황이 되는 것이지요. 이를 태아기 알코올 노출prenatal alcohol exposure 이라고 합니다. 대부분의 나라에서 성인이 된 이후 음주를 허락한다는 점을 생각한다면 태아기 알코올 노출은 산모가 꼭 피해야 할 일입니다. 유전이 아닌데도 그보다 더한 장애를 아기에게 주게 되는 셈이니까요. 안타깝게도 태아 발달 장애의 가장 흔한 원인 중 하나가 바로 태아기 알코올 노출이랍니다. 그 결과로 나타나는 광범위한 증상을 태아기 알코올 스펙트럼 장애fetal alcohol spectrum disorder라고 부르게 되는데요. 증상이 심한 경우, 두개안면 쪽의 이상이 눈에 띄게 관찰되므로 아직 정확한 메커니즘이 밝혀지지 않았지만, 머리 신경능선세포의 손상이 이 장애의 원인 중 하나로 지목되고 있습니다.

e6. 생물과 무생물은 어떻게 구분하나요?

여기선 무엇이 생물이고 무엇이 무생물인지 분별하는 방법으로써 생물의 특성을 살펴보도록 하겠습니다. 이제 설명해 드릴 일곱 가지 특징을 모두 갖추고 있다면 그것은 과학적으로 생물이라고 정의할 수 있습니다.

① 세포

모든 생물은 세포로 구성되어 있습니다. 세포는 모든 생물의 구조적 최소 단위이자 생명 현상이 일어나는 기능적 최소 단위입니다. 수정란이라는 하나의 세포가 사람이라는 하나의 생명체로 되기까지의 발생 과정을 세포의 관점에서 보자면, 하나의 전능한 세포수정란가 무수히 많고 다양한 세포들을 만들어내고 유지하는 과정이라고 할 수 있습니다. 참고로, 아메바나 효모처럼 단세포 생명체도 있고, 사람처럼 다세포 생명체도 있습니다. 사람은 약 37조 개의 세포로 이루어진다고 합니다.

② 물질대사

모든 생물은 물질대사를 합니다. 우스갯소리로 인간의 기본적인 삶이란 먹고 자고 싸는 삶이라고 말하기도 합니다. 이 말이 우스갯소리가 아닌 이유는 생물의 특징을 쉬운 말로 아주 잘 설명해주기 때문입니다. 특히, 먹고 싸는 것은 대사 활동에 직접적으로 연관된 본능적인 행위에 속합니다. 여기에 소화하고 저장하는 행위를 추가한다면 이 두 번째 생물의 특징인 물질대사를 완벽하게 설명할 수 있게 됩니다. 모든 생물은 살아가기 위해 에너지가 필요합니다. 사람도 마찬가지입니다. 에너지를 얻기 위해 음식을 섭취먹고합니다. 음식을 물리·화학적으로 잘게 부수고소화하고 포도당까지 분해하여 주 에너지원으로 사용합니다. 혈당이 과도하게 올라가는 등 필요 이상의 에너지가 생성될 때에는 포도당을 글리코겐으로 합성하여 근육과 간에 저장저장하고합니다. 그리고 에너지를 얻고 남은 찌꺼기는 배설하는싸고 특징이 있습니다. 음식을 잘게 부수어 포도당 같은 작은 분자로 분해하고 에너지를 얻는 과정이화작용과 남는 에너지를 저장하기 위해 포도당을 글리코겐 형태로 바꾸는 과정동화작용을 모두 합쳐서 물질대사라고 합니다.

③ 반응

모든 생물은 자극이 주어지면 반응합니다. 자극이란 빛, 소리, 온도, 압력, 중력, 화학물질과 같은 외부로부터의 물리·화학적 신호입니다. 생물이라면 이러한 자극에 적절하게 반응하게 됩니다. 식물이 빛이나 중력을 감지하여 그쪽으로 자라는 현상, 우리가 어두운 곳에 들어갈 때 동공이 커지고 밝은 곳으로 나올 때 동공이 작아지는 현상 등이 모두 생물이 외부 자극에 반응하는 예입니다. 우리의 감각기관과 피부가 이러한 자극을 처음으로 감지하는 시작점이 됩니다. 모두 외배엽에서 비롯되는 기관들이지요.

④ 항상성

모든 생물은 항상성을 유지합니다. 항상성이란 외부나 내부 환경의 변화에도 불구하고 체내의 상태를 일정하게 유지하려는 성질을 뜻합니다. 생물은 외부 자극에 반응하지만, 이때의 반응은 수동적인 반응만을 뜻하진 않습니다. 반응보다 더 중요한 것은 항상성을 유지하려는 특징입니다. 온도가 올라가면 땀을 흘리는 이유와 음식을 먹으면 인슐린이 분비되는 이유는 단순한 반응으로만 설명하기 어렵습니다. 높은 온도에 노출될 때 땀을 흘려야 체온을 유지할 수 있으며, 식사할 때 인슐린을 분비해야 올라간 혈당을 떨어뜨리면서 일정한 혈당을 유지할 수 있기 때문입니다.

⑤ 발생과 생장

모든 생물은 발생하고 생장합니다. 남녀 혹은 암수의 두 생식세포의 수정으로 생성된 수정란이 하나의 완전한 개체가 되기까지의 모든 과정을 전통적으로 발생이라고 정의합니다. 발생한 개체가 세포 수를 늘려가면서 성체가 되는 과정을 생장이라고 정의합니다. 발생은 세포 분열 과정을 포함하지만, 단지 세포 수를 늘리는 것만이 아닌 다양하고 다채로운 세포를 만들어내는 과정분화에 방점이 있습니다. 생장은 세포의 수를 늘려 개체의 크기를 증가시키는 데에 방점이 있습니다. 즉, 발생은 생장과 분화의 조화로운 동반작용이라고 생각하셔도 무방하겠습니다.

⑥ 생식과 유전

모든 생물은 생식을 통해 자손에게 유전형질을 전달합니다. 종족 보존을 위해 자신과 닮은 개체를 만들어내는 과정을 생식 또는 번식이라고 합니다. 암수 구분 없이 스스로 자손을 만들면 무성생식, 암수의 두 개체의 만남이 필요하면 유성생식이라고 구분합니다. 생식 결과 부모로부터 자손에게 생물학적 형질을 물려주는 데 이를 유전이라고 합니다. 자손에게 물려주는 건 유전형질인 셈이고, 주요 유전형질은 바로 DNA입니다. 난자와 정자의 수정 과정 중 핵융합을 떠올려 보시면 이해가 쉬울 것입니다. 23개의 염색체가 합쳐져서 온전한 46개의 염색체가 되는 것이지요. 사람은 부모의 DNA를 반반씩 갖게 되는 것입니다.

⑦ 적응

모든 생물은 진화하고 주어진 환경에 적응합니다. 여러 세대를 거치면서 한 생물 집단 내의 유전자 구성이 변화하여 집단 특성이 변하는 과정과 결과 혹은 현상을 진화라고 정의합니다. 진화는 과학 이론이 아니라 관찰 가능한 자연 현상입니다. 다윈Charles Robert Darwin의 자연선택설이 이 현상을 잘 설명해줍니다. 환경에 적응을 잘한 유전자 구성을 가진 개체들이 그렇지 않은 개체들보다 잘 살아남아 개체 수를 늘려나가면서 전체 집단의 구성이 점진적으로 달라지는 현상을 설명해주기 때문입니다. 여기서 한 가지 오해 소지가 있는 부분은 진화와 적응의 관계입니다. 흔히들 진화가 적응의 결과라고 오해합니다. 그러나 그 반대가 진실입니다. 적응이 진화의 결과입니다. 노력해서 환경에 적응해내는 과정 혹은 결과가 진화가 아닙니다. 자연선택설에 따라 다양한 유전자 구성을 가진 개체 중 주어진 환경에 부합하도록 진화한 개체가 적응을 잘하게 되는 것입니다. 환경에 적응하려고 노력한다고 해서 그 노력의 열매가 유전되지 않습니다. 획득형질은 유전되지 않는다는 사실은 이미 오래전 라마르크Jean Baptiste Lamarck의 용불용설 Theory of Use and Disuse이 오류라는 게 밝혀짐으로써 정리가 되었습니다. 열심히 노력하면 수영을 잘할 수 있겠지만, 그 사람의 자손이 수영을 잘하리라고 보장할 수 없는 이치입니다. 유전이란 DNA가 자손에게 전달되면서 일어나는 현상이기 때문입니다. 그러므로 '적응을 잘한 개체'란 유전자 구성의 다양성을 의미하는 것이지, 노력으로 인해 DNA의 변화를 일으켰다는 의미가 아닙니다.

자라고 변하는
신앙의 세포

제 믿음도 이와 같지 않나 싶습니다. 저는 은혜로 말미암아 저에게 주어진 믿음이 영적인 감각기관 역할을 한다고 생각합니다. 눈이 없으면 빛을 감지할 수 없고, 귀가 없으면 소리를 감지할 수 없으며, 코가 없으면 냄새를 감지할 수 없듯이, 믿음이 없으면 하나님의 음성을 감지할 수 없기 때문입니다.

• 영적 감각

아브라함의 하나님, 이삭의 하나님, 야곱의 하나님 그리고 나의 하나님은 지금도 예수님을 그리스도로 믿는 자 안에 성령으로 내주하시고 인도하시며 역사하십니다. 그러나 믿음이 없으면 내주하시는 성령의 인도와 역사를 볼 수 없으며, 이는 결국 바울이 말한 것처럼 성령을 근심하게 하고 소멸하는 결과를 가져옵니다.

"하나님의 성령을 근심하게 하지 말라 그 안에서 너희가 구원의 날까지 인치심을 받았느니라"(에베소서 4:30)

"성령을 소멸하지 말며"(데살로니가전서 5:19)

성령을 근심하게 하고 소멸하게 하는 사람은 다 가졌으나 아무것도 가지지 못한 자처럼 살아갑니다. 사망에서 생명으로 옮겼으나 여전히 죽어 있는 사람처럼 살아갑니다. 이는 하나님 자녀로서 비극이 아닐 수 없습니다. 그래서 저는 에베소서의 말씀을 항상 마음에 새기고 있습니다.

"모든 기도와 간구를 하되 항상 성령 안에서 기도하고 이를 위하여 깨어 구하기를 항상 힘쓰며 여러 성도를 위하여 구하라"(에베소서 6:18)

저에게 항상 깨어 있으라는 말씀은 하나님의 음성에 늘 귀기울이고 성령보다 앞서가지 않으며 오직 그분의 말씀에만 순종할 준비가 되어 있으라는 말씀으로 다가왔습니다. 눈이 있고 귀가 있고 코가 버젓이 있는데도 불구하고 아무것도 감지할 수 없게 된다면 이것보다 더한 비극은 없을지도 모릅니다. 외부의 자극에 반응하는 것이 생물의 특징인 것처럼 하나님 음성에 반응하는 믿음을 가진 것은 하나님 자녀의 특징입니다. 참된 믿음은 생각과 말과 글에 머물지 않습니다. 반드시 실천으로 옮겨져야 합니다. 생물이 외부의 자극에 반응하듯이 그리스도인은 하나님 말씀에 반응해야 합니다. 선행, 봉사, 구제가 우리를 구원할 수 없지만, 믿음의 반응은 이러한 열매를 맺게 됩니다. 저도 이 글을 쓰면서 제 믿음의 열매를 다시 한번 점검해 보았습니다. 과연 제 믿음은 하나님의 말씀에 얼마나 반응을 하는지 다시 한 번 살펴보게 되었습니다.

과학을 한다는 것

저는 과학자입니다. 그러니 과학자로서 하나님의 말씀에 어떻게 반응하는지 돌아보지 않을 수 없었습니다. 제 안의 자라고 변하는 신앙의 세포들이 과학자인 제게 어떤 변화를 가져왔는지에 대해 고민하지 않을 수 없었습니다. 과학자의 일이 누군가에게는 대단해 보일지 모르지만, 실은 거대한 퍼즐의 한 조각만을 찾는 것처럼 미미하게 보이기도 합니다. 그 거대한 퍼즐이 어떤 그림인지에 대해서도 아주 단편적인 추정만을 하고 있을지도 모릅니다. 실제로도 그런 것 같습니다. 실험 생물학자로 20년을 살아오며 제가 발견하고 증명한 것들이 과연 얼마나 과학과 인류에 공헌했는지 저는 잘 모르겠습니다. 하지만 확실하게 말할 수 있는 건 그 효과가 너무나도 미미할 것이라는 사실입니다. 세상엔 수많은 과학자가 있지만 대부분 저와 크게 다르지 않은 삶을 살아가고 있을 것입니다.

제가 한 가지 확실하게 말할 수 있는 건 그 수많은 과학자들이 찾아낸 수많은 작은 조각들이 아무렇게나 흐트러진 채 존재하는 게 아니라 방향을 가지고 자정 작용을 거치면서 끊임없이 더 나은 답, 이를테면 보다 구체적이고 보다 정확한 답을 갱신해가고 있다는 사실입니다. 때론 과학자들이 여러 가지 이유로 자신의 유익을 위해 거짓을 일삼기도 하지만, 과학자의 양심이랄까 윤리랄까 하는 과학자의 본질은 과학을 과학답게 유지해왔습니다. 여전히 과학을 신뢰할 수 있는 이유입니다.

한 명의 유명한 과학자는 과학의 발전에 양자 도약을 마련할 수도 있지만, 그로인해 정치·경제적으로 이용당할 위험도 높아집니다. 과학자도 인간이기 때문입니다. 실례로 2006년 황우석 사건은 돈과 명예에 눈이 멀어 과학의 본질을 져버린 대표적인 사건이었습니다. 그 당시 마우스유전학을 전공한 대학원생이었던 저는 그의 놀라운 성과에 흥분했었답니다. 우리나라 과학 기술에 대해서도 자랑스러웠습니다. 그러나 결국 그것이 거짓으로 판명 나고 논문이 철회되면서 저를 포함하여 전국의 수많은 생물학도는 실망을 거둘 수 없었습니다. 과학적 업적이 아무리 부와 명예를 가져다줄 수 있다 하더라도 그것은 결코 과학의 목표가 되어선 안 됩니다. 과학의 발전은 뛰어난 두뇌도 필요하지만, 그 뛰어난 두뇌가 제대로 조명받을 수 있는 깨끗한 바탕의 유지가 더 중요하지 않나 싶습니다. 지력도 중요하지만 자세도 중요한 이유입니다. 저는 과학을 과학답게 오랫동안 유지하는 동력은 한 명의 유명한 천재 과학자보다는 이름도 빛도 없이 현장에서 묵묵히 최선을 다하고 있는 일개 과학자들에게서 나온다고 생각합니다. 게다가 저는 과학자이며 신앙인이기에 하나님이 창조하신 생명을 연구하는 과학자가 지녀야 할 자세를 잃지 않기 위해 최선을 다해야 한다고 생각하고 있습니다. 현장에서 사회적 경제적 대우를 잘 받지 못하더라도 과학의 본질을 지키며 그 자리를 꿋꿋이 지키고 있는 수많은 과학자들께 응원의 박수를 보내고 싶습니다. 또한 누가 알아주지 않아도 그리스도인의 자세를 지키며 연구하는 과학자들께도 하나님의 은혜가 언제나 함께하시길 기도하겠습니다.

조직형성

복잡하고 어려운 생물학 용어들을 따라오시느라 정말 고생 많으십니다. 저도 이런 복잡한 생명의 발생 현상을 볼 때마다 하나님께서 생명을 창조하신 신비가 얼마나 치밀하고 놀라운지 감격하게 됩니다. 그 생명의 신비를 맛보기 위해 한 번만 더 애써 주시면 됩니다. 외배엽과 내배엽 중간의 중배엽은 위치에 따라 네 가지로 나눌 수 있습니다. 첫째, 배아발생 과정에서의 첫 골격 구조인 척삭notochord을 형성하는 축중배엽axial mesoderm. 둘째, 체절somite을 거쳐 근육, 피부 중 진피, 연골 같은 여러 연결 조직을 형성하는 근축중배엽paraxial mesoderm. 셋째, 신장 및 생식선을 형성하는 중간중배엽intermediate mesoderm. 넷째, 심장, 혈관, 혈액세포, 골반, 팔다리 뼈를 형성하는 외측중배엽 lateral plate mesoderm 입니다.

중배엽으로부터

이 중에서 상대적으로 연구가 많이 되어 있고 하나의 독립적인 기관이라기보다는 하나의 기관계에 해당하는 두 가지를 대표적으로 살펴보도록 하겠습니다. 하나는 심장이 중심이 되지만 심장만으로는 완성되지 않는 기관계인 심혈관계 혹은 순환계입니다. 이는 크게 심장과 수많은 혈관으로 구성됩니다. 우리 몸 구석구석에 산소와 영양분을 공급해주는 중요한 시스템입니다. 다른 하나는 우리 몸의 중심을 잡아주고 지탱해주는 근골격계입니다. 근골격계도 크게 두 가지로 나누어 생각해 볼 수 있습니다. 뼈 중에서 가장 많은 부피를 차지하는 골반과 팔다리뼈, 그리고 중추신경계인 뇌와 척수를 보호하는 역할도 하며 몸의 정중앙에서 중심을 잡아주는 두개골과 척추뼈입니다. 또한 뼈에 활동성을 부여해주는 역할을 한다고 할 수 있는 근육, 그리고 뼈와 근육을 연결해주는 연결조직 역시 모두 중배엽에서 발생합니다.

심혈관계 혹은 순환계

외배엽으로부터 신경계 형성의 밑 작업이 진행되는 동안 중배엽에서도 동시에 기관들을 형성하기 시작합니다. 사람을 포함한 척추동물 배아에서 가장 먼저 형성되어 기능하게 되는 기관계가 바로 심혈관계입니다. 가장 먼저 기능하는 기관은 심장이고요. 이를 가만히 생각해보면 상식적이라는 사실을 알 수 있습니다. 혈액을 이용하여 영양분을 몸 전체에 공급해야 하기 때문입니다.

비록 심장이 우리 몸에서 처음으로 가동되는 기관이지만, 혈관계가 확립되지 않으면 제대로 작동할 수 없습니다. 심장이 혼자서만 뛰면 아무런 의미가 없을 것입니다. 폐를 통해 산소가 가득한 깨끗한 피를 온몸 구석구석에 전달하는 게 심장의 존재 이유이니까요. 그래서 심장 발생과 더불어 혈관 생성도 필요하게 됩니다. 혈액이 심장으로부터 뿜어져 나오기 때문에 혈관도 심장으로부터 뻗어 나오며 생겨난다고 생각할지도 모르겠습니다. 하지만 사실은 그렇지 않습니다. 혈관의 발생은 심장의 발생으로부터 독립적으로 일어납니다. 그런 이후에 심장과 혈관이 연결되게 되는 것입니다. *enhancer 7*

놀라운 사실은 사람의 평균 혈관 길이가, 동맥, 정맥, 모세혈관을 모두 다 합하면 약 100,000km 정도 된다고 합니다. 지구를 두 바퀴 반 돌 수 있는 길이입니다. 그리고 한 가지 더 재미있는 사실은 사람마다 모두 순환계, 그러니까 혈관들이 온몸에 뻗어있는 모습이 다르다는 것입니다. 우리의 DNA는 우리 몸 안에 분포한 수많은 동맥, 정맥, 모세혈관들의 연결을 세세하게 지시하지는 않습니다. 그래서 대체적으로는 비슷하지만 세세한 부분에서는 조금씩 다를 수밖에 없답니다.

근골격계

우리 몸의 모든 근육 그리고 골반과 팔다리뼈를 제외한 모든 뼈는 근축중배엽에서 발생하게 됩니다. 근축중배엽 발생에서 가장 핵심적인 현상은 체절somite의 형성입니다. 체절 역시 배아 단계에서만 일시적으로 존재하는 조직으로써 여러 가지 세포로 분화할 수 있는 다능한 세포들로 이루어져 있습니다. 벽돌 같은 블록들이 연이은 모습으로 마치 척추뼈를 연상케하는 모습이며, 한 블록은 세포들의 집합입니다, 전후 축으로 뻗어있는 신경관 양 옆에 평행하게 형성됩니다. 체절은 크게 두 가지 부분으로 나뉘게 됩니다. 하나는 늑연골rib cartilage과 힘줄을 포함한 척추뼈로 발생하고, 다른 하나는 근육과 진피층으로 발생하게 됩니다.

e7. 여러가지 혈관들은 어떻게 형성되나요?

혈관 생성 과정은 크게 두 가지로 나뉩니다. 하나는 '혈관형성'vasculo-genesis 과정인데 외측중배엽으로부터 비롯되며, 아무런 혈관이 없는 상태에서 처음으로 혈관이 만들어지는 과정을 뜻합니다. 공터에 새집을 짓는 건축과도 같습니다. 다른 하나는 '혈관신생'angiogenesis 과정인데 이는 기존에 존재하는 혈관으로부터 가지치기하듯 파생되어 새로운 혈관이 만들어지는 과정을 뜻합니다. 이는 이미 집이 지어진 상태이기 때문에 건축이라기보다는 리모델링과도 같습니다. 우리의 혈관계는 건축과 리모델링으로 생성되는 것입니다.

우리가 익히 아는 혈관은 여러 종류가 있습니다. 모두 혈액세포들이 지나다니는 통로입니다. 심장으로부터 출발해서 온몸을 돌고 폐를 거쳐 다시 심장으로 돌아오는 경로를 거치게 되지요. 심장으로부터 온몸으로 향하는 혈관을 동맥이라고 합니다. 그 반대 방향으로 형성되는 혈관을 정맥이라고 합니다. 동맥과 정맥 사이를 연결하는 혈관을 모세혈관이라고 합니다. 그렇다면 동맥과 정맥은 처음부터 어떻게 만들어지는 걸까요? 각각의 줄기세포가 따로 있어서 만들어진 다음에 나중에 서로 연결되는 걸까요?

혈관을 이루는 주요 세포를 혈관내피세포endothelial cell라고 부릅니다. 세 배엽이 하나의 수정란이라는 전능한 세포에서 갈라져 나오는 것처럼, 동맥과 정맥을 이루는 혈관내피세포는 각각 따로 생성되지 않고 두 가지로 모두 분화할 수 있는 세포로부터 만들어집니다. 차후에 다른 세포와 신호를 주고받으면서 두 가지 중 하나로 분화하게 되는 것입니다.

내배엽으로부터

세 가지 낭배 중 배아의 가장 안쪽에 형성된 내배엽endoderm
은 소화관, 호흡관 그리고 이것과 관련된 분비선의 상피조직이 발
생되는 장소입니다. 소화관과 호흡관은 둘 다 해부학적으로 보면
길쭉한 관 모양입니다. 우리가 숨을 쉬는 기도, 음식을 섭취하는
식도가 각각의 시작점입니다. 기도는 폐로, 식도는 위를 지나 소
장, 대장, 그리고 항문으로 이어집니다. 숨을 쉰다는 건 생물학적
으로는 체내에 산소를 공급하고 이산화탄소를 배출하는 가스 교
환 작용이라고 표현할 수 있습니다. 우리 몸의 모든 세포는 산소
와 영양분이 필요한데 내배엽으로 비롯되는 기관이 이러한 기능
대부분을 담당하게 되는 것입니다. 추가적으로 내배엽에서 발생
하는 기관은 내분비계를 형성하는 간, 췌장, 쓸개가 있습니다.

기관과 기관계

지금까지 간략하게 살펴본 발생 과정은 초기 배아 발생early
embryonic development 과정에 해당하는 일련의 사건들이었습니
다. 수정 후 8주 차까지, 임신 후 약 두 달 동안 일어나는 사건들
이었습니다. 배아 발생은 수정란이라는 하나의 전능한 세포에서
부터 시작하여 우리 몸의 거의 모든 기관과 기관계의 초기 모습
을 형성하는 과정이라고 할 수도 있겠습니다. 저는 이러한 두 달

간의 여정을 살펴보며 그리스도인의 신앙 여정을 엿보는 것 같았습니다. 기관과 기관계가 형성되고 기능을 한다는 것은 '독립적인' 생명체로 되어간다는 생물학적인 증거라고 할 수 있습니다. 다음 장에서 잠시 살펴보겠지만 수정 후 22-28주 정도의 태아는 조산을 겪고 미숙아로 태어나도 인큐베이터 등 의료장비의 도움을 받으면 생존할 가능성이 큽니다. 이 시기의 태아는 완전하지는 않아도 독립적인 생명체로 인정될 수 있는 상태입니다. 그러나 이 시기의 태아는 법적으로는 사람으로 인정되지 않습니다. 이 시기에 낙태를 감행해도 살인죄가 되지 않는 이유입니다.

신앙의 변질

그리스도인의 신앙은 누군가로부터 전해진 복음에 기초하여 싹을 틔우게 됩니다. 복음을 처음 듣고, 은혜로 말미암아 믿음이 생기고, 우리 자신의 공로와 상관없이 구원받은 은혜에 감사하며, 자신의 과거 모습을 반성하고, 하나님 앞에서 회개의 눈물을 쏟고, 새로운 삶을 다짐하는 경험은 아마도 모든 그리스도인의 공통된 경험이 아닐까 합니다. 복음을 듣는 것, 은혜에 감사하는 것, 과거를 반성하는 것, 하나님 앞에서 회개하는 것, 사명을 다짐하는 것은 초신자에게만 국한된 것이 아니라 모든 그리스도인의 일상이 되어야 합니다. 하지만 제 경험에 비추어 보면 이런 행위들이 한 번, 두 번, 세 번 반복되다 나도 모르는 사이에 습관이 되고 내용 없는 형식만 남아 신앙생활의 본질에서 벗어나게 되는 것 같습니다.

저는 이러한 변질의 원인을 기관과 기관계를 살펴보며 이해되었습니다. 혈관의 발달 없이 혈관과 연결되지 않은 채 혼자서 힘차게 박동하는 심장을 떠올려 볼까요? 그 심장의 박동은 무의미한 몸짓에 지나지 않습니다. 괜한 에너지 낭비로 치부될지도 모릅니다. 그 이유는 심장의 존재 이유와 관련됩니다. 심장의 정체성이라고 할 수도 있습니다. 심장은 폐로부터 공급받은 깨끗한 피를 온몸 구석구석으로 전달해주기 위해 존재합니다. 심장이 힘차게, 규칙적으로, 쉬지 않고 뛰어야 하는 이유는 우리 몸에 있는 모든 세포의 생존이 심장으로부터 뿜어져 나오는 피로부터 공급되는 산소와 영양분에 달려있기 때문입니다. 심장이라는 기관은 심혈관계 혹은 순환계라는 기관계에 속할 때만이 자신의 정체성에 충실하고도 고유한 역할을 담당해낼 수 있는 것입니다.

근골격계에서도 이와 다르지 않습니다. 뼈와 근육이 각각 발생하지만 만약 서로가 힘줄로 연결되지 않는다면 어떤 일이 발생하게 될까요? 여러 가지 근육 중 골격근은 주로 양쪽 끝이 뼈와 힘줄로 연결되어 있습니다. 팔과 다리를 움직인다는 말은 팔과 다리뼈를 움직인다는 것일까요? 아니면 팔다리 근육을 움직인다는 것일까요? 정답은 뼈가 아닌 근육을 움직이는 것입니다. 뼈는 우리의 의지로 움직일 수 없지만, 뼈와 힘줄로 연결된 골격근은 우리의 의지대로 움직일 수 있기 때문입니다. 참고로, 심장을 구성하는 근육은 우리 의지대로 움직일 수 없으므로 불수의근이라 하고, 골격근은 우리의 의지대로 움직일 수 있기에 수의근이라고 한답니다.

힘줄이 끊어진 상태를 떠올려 볼까요? 뼈가 아무리 단단하게 우리 몸을 지탱하고 있다고 해도 골격근과 연결되지 않으면 제 역할을 못 하게 됩니다. 마치 사지 마비나 척추 마비가 온 사람처럼 움직일 수 없게 됩니다. 움직이지 못하는 사람을 지탱하고 있는 뼈는 뼈로서의 정체성을 다하지 못하는 셈입니다. 뼈는 뼈만으로 존재하지 않고 힘줄 및 근육과 연결되어야 존재 이유에 충실할 수 있습니다. 뼈는 근골격계라는 큰 시스템 속에 있을 때만이 스스로의 정체성에 충실한 자신만의 역할을 담당해낼 수 있습니다.

신앙의 정체성

초기에 뜨거웠던 신앙이 점점 시들어가면서 신앙을 가지기 전처럼, 아니 신앙을 가지기 전보다 더 좋지 않은 상태로 접어들곤 하는 이유도 이와 다를 바 없어 보입니다. 돌아보면 제 신앙에도 혈관과 연결되지 않은 심장, 근육과 연결되지 않은 뼈가 있었기 때문입니다. 순환계 일부여야 할 심장, 근골격계 일부여야 할 뼈가 각각의 기관계와 상관없이 독립적으로 활동하며 순환계도 근골격계도 존재 이유를 잃어버리는 것과 다를 바 없었습니다. 이같은 제 신앙은 반복되는 습관처럼 어떤 하나의 행위에 지나지 않았습니다. 이를테면 이해나 해석 없이 주문 외우듯 성경만 읽는다든지, 상황과 무관한 기도를 한다든지, 객관적인 눈 없이 긍정의 힘만 앞세워 감사하다는 말만 앞세운다든지, 모든 것을 자기 탓으로 돌리며 반성만 한다든지 하는 모습 말입니다. 하지만 저의 이런 모습은 그리스도인으로서 신앙의 본질을 잃어버리기 딱 좋은 모습일 뿐이었습니다. 어느새 하나님의 은혜와 사랑보다는 내 안의 열심을 사모하게 되는, 한낱 종교인에 불과한 거짓 신앙인이 될 수도 있다는 생각이 들었습니다.

이런 제 모습을 돌이키게 된 방점은 전체를 아우르는 것이었습니다. 하나님께서 저를 그리스도인으로 부르신 전체의 목적과 이유에 충실한 삶을 사는 것이었습니다. 그 어느 것 하나 의미 없는 것 없지만, 어느 것 하나에만 치우친다면 그것은 우상이 되기 쉽다고 생각하게 되었습니다. 적어도 저에게는 성경도, 기도도, 감사도, 반성도 우상처럼 변질되었습니다. 예수님보다 더 소중히 여겨지는 것, 그래서 내 돈과 마음이 가는 그 어떤 것도 우상이 될 수 있으니까요. 이는 순환계에서 가장 중요한 기관은 심장이니 심장만 있으면 모든 게 다 되는 것처럼 착각한다든지, 근골격계에서 가장 단단한 조직은 뼈이기 때문에 뼈만 있으면 우리 몸을 지탱하고 보호해줄 수 있는 것처럼 착각하는 것과도 비슷했습니다.

저는 예수님이 공생애 기간에 보여주신 것처럼 '지금, 여기'에서 하나님 나라를 살아낼 수 있도록 더욱 성령님께 의지하고 일상에서 성령의 인도 받아 실천으로 옮기는 삶을 살아야겠다고 다짐했습니다. 그래서 신앙과 삶을 이분법으로 나누지도 말고, 교회의 일과 세상의 일, 영적인 일과 육적인 일을 이분법으로 나누지도 말아야겠다고 다짐했습니다. 그래서 "무엇을 하든 주께 하듯하라"는 바울 선생님의 말씀을 다시 떠올렸습니다. 저는 세상 속의 그리스도인, 세상 속에 있지만 세상과는 다른 삶을 추구하는 그리스도인이라는 사실을 잊지 말아야 한다는 다짐도 해 보았습니다. 이렇게 하나님은 과학을 저의 간증으로 삼으셨고, 생명을 연구하는 실험을 저의 찬송이 되게 하셨습니다.

"무슨 일을 하든지 마음을 다하여 주께 하듯 하고 사람에게 하듯 하지 말라" (골로새서 3:23)

우리 몸의 조직과 기관이 대부분 형성되면 배아의 모습은 더는 물고기나 어떤 원시 생명체의 모습이 아닌 마침내 사람의 형상을 띠게 됩니다. 수정 후 9주차로 접어들게 됩니다. 그리고 배 속의 아기는 이제 배아embryo가 아니라 태아fetus 단계로 진입하게 됨니다. 물론 태아 단계로 접어들어도 조직과 기관이 계속해서 발생하게 되지만, 태아기의 방점은 성장에 있습니다. 배아기에 만들어졌던 조직과 기관들이 작동하면서 우리가 익히 아는 아기의 모습을 띠며 크기와 무게가 점점 커지게 되는 것입니다. 다음 장에서는 이 시기에 대해서 간략하게 살펴보도록 하겠습니다.

배아가 아닌
태아

수정 후 9주차에 접어들면 새로운 조직이나 기관의 발생에 초점이 맞춰지지 않습니다. 이미 생겨나기 시작한 조직과 기관들이 제 모습을 갖춰가며 완성되어가고 예정된 기능을 담당하기 시작합니다. 드디어 전체적인 모습도 사람처럼 보이게 됩니다. 태아기는 9주차부터 출생에 이르기까지의 긴 여정입니다. 이 시기의 가장 뚜렷한 특징은 길이와 크기의 변화입니다. 9주차 태아의 무게가 약 2g 정도인데 출생한 신생아의 무게는 보통 3kg 안팎입니다. 태아기 동안 약 1,500배 정도의 몸무게가 증가합니다. 키 역시 마찬가지입니다. 9주차 태아의 키는 2cm 정도인데 신생아의 키는 보통 50cm 안팎이니까요. 약 25배 정도의 증가가 이뤄지는 셈입니다. 폭풍 성장이라 할 만하지요. 사람이 인생에서 경험하는 성장 중 가장 빠르고 가장 거대한 성장 시기가 바로 태아기랍니다. 비록 아무도 기억하지 못하는 시기이지만요.

배아? 태아?

태아기에는 성장에 집중되기 때문에 배아기 때 발달 장애나 결함이 발생했다면 그대로 유지하게 될 가능성이 큽니다. 돌연변이 발생률도 태아기보다 배아기가 훨씬 높습니다. 이미 살펴본 것처럼 배아기에는 정말 드라마틱한 변화들이 일어나기 때문입니다. 아무것도 없던 곳에서 무엇인가를 형성하는 과정이 배아기의 특징이라 할 수 있으므로 여기서 다시 한번 배아기의 중요성을 알 수 있습니다. 수정 후 첫 두 달의 중요성을 실감할 수 있습니다. 산모의 절대 안정과 건강에 많은 신경을 써야 할 시기이지요.

전통적인 발생생물학은 배아기 연구에 집중되어 있습니다. 생물학적으로도 배아기가 태아기보다 연구할 주제들이 훨씬 많은 기간이랍니다. 물론 아직도 밝혀야 할 것들이 산더미처럼 쌓여 있습니다. 참고로 18세기까지는 이러한 배아기의 발생 과정을 전혀 몰랐답니다. 놀랍게도 그 당시만 해도 사람들은 수정란이라는 하나의 세포가 수없이 많은 분열과 분화를 거치며 사람으로 발달하는 게 아니라 성체의 미니어처가 난자나 정자 안에 들어 있어서

임신 기간 크기만 커진다고 생각했답니다. enhancer 8

태아기의 생식계

태아기에 일어나는 현상 중 앞에서 살펴보지 못했던 생식계에 대해서 간략하게 살펴보도록 하겠습니다. 생식계는 다른 기관계보다 상대적으로 늦게 발생하는 편입니다. 물론 배아기 말경 남성에선 고환이 발생하고, 여성에선 난소가 발생하지만, 제대로 된 기능을 하지 못합니다. 그러나 수정 후 3개월 정도 되면 남성의 고환은 음경과 음낭을 만드는 호르몬을 분비하기 시작합니다. 흥미롭게도 이 호르몬이 여성에게는 분비되지 않기 때문에 자연스럽게 질과 음순이 발생하게 됩니다. 여성과 남성이 결정되는 시기는 수정란이 만들어질 때입니다. 아시다시피 성염색체가 XX이면 여성, XY면 남성입니다. 그런데 과연 이 성염색체는 태아의 생식기관을 형성할 때 구체적으로 어떤 역할을 하는 걸까요?

남성의 고환이나 여성의 난소는 모두 공통된 전구체에서 발생된다는 사실을 알고 계셨나요? 성염색체가 기능을 하기 전에는 남성이나 여성이나 상관없이 모두 이분화 능력을 가진 공통 생식기bipotent gonad를 가진답니다. 그러나 남성에게만 있는 Y 염색체로부터 SRYSex-determining Region of the Y Chromosome라는 유전자가 발현하면서 그 공통 생식기는 고환으로 분화하게 됩니다. 여성은 Y 염색체가 없기에 난소로 분화하게 됩니다. Y 염색체를 가지고 있다 하더라도 기능을 하기 전까지는 실질적인 남녀 구분이 없다는 말로 해석할 수도 있습니다. 과학자들은 SRY 유전자가 이렇게 생식기를 고환으로 유도하는 데에 얼마나 중요한 역할을 하는지 궁금했습니다. 그래서 SRY 유전자가 들어 있는 DNA 조각을 암컷 생쥐의 수정란 안에 넣어준 뒤 과연 그 수정란이 발생하여 어떤 생식기를 나타내는지 관찰했습니다. 놀랍게도, XX 염색체를 가진 암컷 수정란에서 발생한 생쥐는 고환과 음경을 가지고 있었답니다. 이는 SRY 유전자의 고유하고도 강력한 생식기 결정 역할을 과학적으로 증명한 것이었습니다.

e8. 전성설과 후성설은 무엇인가요?

18세기까지 발생학은 존재하지도 않던 학문입니다. 그 당시 관점으로 미루어보면, 발생학은 아마도 먼 미래의 학문이거나 불경스러운 연구 정도로 여겨지지 않았을까 합니다. 이미 현미경이 발명되었지만 해상도가 낮아 세포 안을 상세히 들여다볼 수 없었거든요. 그저 세포 하나를 개별적으로 관찰할 수 있는 게 다였습니다. 오늘날에는 세포 안에 적어도 사람의 미니어처가 존재하지 않는다는 사실을 직접 눈으로 확인할 수 있을 정도로 현미경 기술이 발전했습니다 세포 내 소기관을 초고 해상도로 관찰할 수 있습니다. 갑자기 사람의 미니어처라니, 무슨 뚱딴지같은 말인가 싶으시죠?

21세기 현재의 관점으로 생각하면 지구가 평평하다거나, 지구가 우주의 중심에 놓여서 태양이 지구를 돈다고 하는 것처럼 말도 안 되는 소리라고 치부할 수도 있습니다. 하지만 발생학이 제대로 연구되고 과학적 사실로 공인되기 전까지, 고대로부터 사람들은 전성설을 당연하다고 믿어왔습니다. 전성설preformationism은 이미 완전한 사람의 형태가 눈에 보이지 않을 만큼 아주 작은 크기로 난자 혹은 정자 안에 들어 있어서 수정란이 형성되고 임신이 되면 임신 기간 크기만 커져서 아기로 태어난다는 이론입니다. 이에 반해 후성설epigenesis은 사람의 형태가 나중에 갖춰진다는 이론으로써 현대 발생학과 일맥상통합니다.

저에게 전성설은 터무니없는 말 정도가 아니라 미신의 일종으로 느껴질 정도로 비과학적이고 반과학적으로만 들립니다. 그래서 이들에게 학자라는 호칭을 붙여야 할지조차 망설여집니다. 어쨌든 전성설을 주장했던 학자 중에는 크게 두 부류가 있었다고 전해집니다. 그 두 부류는 난자론자ovist와 정자론자spermist입니다. 호문클루스homunculus라고 하는 성체의 축소형 인간이 난자에 들어있다고 주장한 학자들이 난자론자, 정자 안에 들어있다고 주장한 학자들이 정자론자가 되겠습니다. 제가 이들에게 학자라는 호칭 붙이기가 망설여지는 까닭은 아무런 과학적 증거, 즉 공인할 수 있는 관찰 결과나 재현 가능한 실험 결과 없이 관념적으로만 논쟁했기 때문입니다. 공인할 수 없는 증거만 존재할 때는 목소리 크고 영향력이 큰 사람이나 단체의 주장에 사람들은 손을 들어주게 되지요. 정말 우연히 그 주장이 맞는다고 판명 난다 해도 명백히 그 논쟁과 선택은 '과학적'이라고 할 수 없습니다. 다시 한 번 강조하지만, 과학은 관찰이나 실험 결과를 기반으로 자연 현상 이면에 숨은 원리를 찾아내고 증명하는 가치중립적인 학문이랍니다.

아니! 난자론자와 정자론자의 대결 구도라니요. 하긴 그 당시는 20세기 초에 가서야 밝혀질, DNA가 유전물질이라는 사실도 몰랐을 때이고, 19세기에 등장할 다윈의 『종의 기원』이나 멘델Gregor Johann Mendel의 '유전법칙'도 존재하지 않던 시대였으니 이해할 만합니다.

그러고 보면 우리가 오늘날 상식으로 알고 있는 여러 가지 과학적 지식은 알려진 지가 불과 200년 정도밖에 되지 않은 셈입니다. 과학의 발전 속도가 새삼 놀랍지 않나요?

난자론자든 정자론자든 부모 중 한쪽의 생식세포 안에 성체의 미니어처가 들어있기 때문에 함께 수정란을 이룰 상대편 생식세포는 단순히 그 미니어처의 성장을 돕는 역할 정도로 그치게 됩니다. DNA도 부모 중 한쪽으로부터만 물려받게 되는 것이지요. 저는 여기서 갑자기 장난기가 발동했습니다. 그 미니어처는 과연 누구를 닮았을까요? 제 생각에는 난자론자들은 엄마와 똑같이, 정자론자들은 아빠와 똑같이, 마치 클론처럼 생겨야 할 것 같다고 생각했을 것 같은데 여러분의 생각은 어떠신가요? 물론 자식은 엄마와 아빠를 둘 다 닮는 게 기정사실일 텐데, 그들은 이런 현상을 어떻게 해석했을까요? 그 사람들도 자신이 엄마나 아빠와 똑같이 생기지 않았고, 자식들이 자기와 똑같이 생기지 않았다는 사실을 알고 있는 상황에서 말이지요. 제 생각엔 아마 여기서도 비과학적인 관념론을 확장시켜 나름의 대답을 하지 않았을까 추측해 봅니다. 굳이 알 필요도 없는 이야기겠지만요.

수정란의 핵심적인 사건은 핵융합입니다. 염색체가 다시 46개로 합쳐지는 사건이지요. 아시다시피 엄마로부터 23개, 아빠로부터 23개씩 물려받는 것입니다. 전성설은 이러한 핵융합과 직접적으로 위배 됩니다. 이는 세포 분열 중 생식세포 분열의 결과가 DNA 양을 절반으로 줄인다는 것을 몰랐던 시대였기 때문일 것입니다. 생식 세포 분열의 첫 발견은 놀랍게도 1876년 독일의 생물학자 오스카 헤르트비히Oscar Hertwig가 성게알을 통해 발견했답니다. 무려 19세기에 말이지요.

다시 한번 과학의 의미에 대해 생각해보게 됩니다. 과학은 미신과 무속이 횡행하던 시대에 떨어진 폭탄 같은 존재가 아니었을까요? 호문클루스가 난자나 정자 안에 없다는 건 가타부타 논쟁할 필요 없이 직접 그렇게 믿는 사람에게 현미경을 들이밀면 금방 해결되는 문제이니까요. 자, 이 책을 들고 계신 여러분은 이러한 의미의 과학 중에서도 가장 최근에 밝혀진 생물학적 사실들이 정리된 발생생물학의 숲을 산책하고 계신 것입니다.

낙태와
기독교인의 윤리

　　　　배아와 태아의 구분은 수정 후 9주를 기준으로 나누게 된다고 말씀드렸습니다. 배아기의 모습은 사람이라고 할 수 없을 만큼 원시적인 형태를 띠고 있습니다. 태아기에 접어들어야 비로소 사람 같아 보입니다. 또 한 번 뚱딴지같은 질문 하나를 해볼까요? 여러분들은 사람의 발달 과정 중 어느 순간부터 사람이라고 생각하시나요? 수정란이 형성되면서부터일까요? 아니면 자궁벽에 착상하면서부터일까요? 배아기는 사람처럼 생기지 않았으니 사람이 아니고, 태아기부터 사람이라고 봐야 할까요? 그것도 아니면 출생한 이후에야 사람이라고 칭할 수 있을까요?

언제부터 사람일까?

사람이라고 부를 수 있는 순간이 디지털시계처럼 정확한 숫자로 나타낼 수 있는 것인지부터 물어야겠습니다. 임신 기간의 경우 2주 차까지는 사람이 아니고 2주 차 1초부터 비로소 사람이라고 부를 수 있는 걸까요? 1초 만에, 아니 0.01초 만에 사람이 아니었다가 사람으로 된다고 생각하시는 분은 아무도 없으실 겁니다. 지금까지 저와 함께 살펴본, 수정부터 태아기까지의 발생 과정은 어느 것 하나 빠지지 않고 '연속적'이었습니다. 수정이 일어나는 사건만 하더라도 난자와 정자의 첫 접촉을 기준으로 삼아야 할지, 핵융합 시점을 기준으로 삼아야 할지, 아니면 핵융합이 성공적으로 일어나고 난할이 시작되는 시기를 기준으로 삼아야 할지 난감하기만 합니다. 그 이후에 일어나는 낭배형성 시기나 신경배 형성 시기는 더욱더 그러할 것입니다. 이런 식으로 생각하다 보면, 어느 특정한 순간 이전과 이후로 사람인지 아닌지를 판단할 수는 없는 것입니다.

언제부터 사람이냐는 질문에 모두가 동의하는 답은 존재하지 않습니다. 여러 가지 저마다 다른 상황에 놓인 사람들은 서로 다른 답을 내놓고 있습니다. 먼저 가톨릭의 종교적 배경을 가진 사람들은 수정란이 형성되면서부터 사람이라고 생각합니다. 생명 존중 사상과 가장 잘 연결되는 견해라고 볼 수 있습니다. 반면, 초기 배아를 이용하여 연구를 진행하는 생물학자들은 배아가 자궁벽에 착상하면서부터가 사람이라고 주장합니다. 수정되고 난할을 거치는 동안의 배아는 사람이라 부를 수 없다는 것입니다. 아마도 그들의 연구와 실험을 윤리적인 문제와 결부시키고 싶어 하지 않는 이유가 숨어 있다고 볼 수도 있습니다. 나름대로 과학적 이유가 있겠지만, 착상을 비인간과 인간으로 나눌 수 있는 잣대라고 하기에는 석연치 않으니까요. 착상하기 전에는 수정란과 산모가 직접적으로 붙어 있지 않고, 착상한 이후에야 한 몸을 이루기 때문이라고 설명할 수도 있습니다. 하지만 착상하기 전 이미 난할이 거듭되고 있는 수정란은 나팔관 안에 존재하는데 그 나팔관도 당연히 산모의 몸 안에 있기에 착상을 기준으로 삼는다는 주장은 주관적일 뿐이라고 할 수 있겠습니다.

낙태와 기독교인의 윤리

이 문제는 임신중절수술낙태을 언급하지 않을 수 없습니다. 임신중절수술 가능 여부와 함께 낙태가 죄인지 아닌지에 대한 논쟁은 이미 오래되었습니다. 우리나라에서 낙태가 가능한 기간은 변경되기 전 모자보건법에 따르면 28주였지만 변경된 모자보건법에 따르면 24주입니다. 22-28주 사이의 태아는 미숙아로 조산한다고 해도 의료장비의 도움을 받아 생존할 가능성이 아주 큽니다. 의료기술이 발달함에 따라 마지노선이었던 28주가 24주로 당겨진 것입니다. 이제는 24주 미숙아도 인큐베이터를 비롯한 기타 의료장비의 도움을 받으면 문제없이 생존할 수 있습니다. 이 시기의 태아는 독립적으로 모든 조직과 기관이 형성되었으나, 폐가 아직 성숙하지 못한 상태여서 스스로 호흡하기가 곤란하고, 피부의 지방층이 두꺼워지지 않은 상태여서 온도 조절을 원활히 할 수 없습니다. 낙태 가능 시기를 법적으로 24주로 정한 이유는 24주 이전에는 조산해도 생존할 가능성이 없다고 판단하기 때문이며, 이 말은 24주가 되면 태아는 독립적인 생명체로 인정된다는 뜻입니다.

그렇다면 24주 이후에 낙태를 시행하면 범죄를 행하는 걸까요? 아닙니다. 2023년 현재, 과거에 있었던 낙태죄는 사라졌습니다. 대체 법안이 없어 여전히 낙태를 시행하고 부작용이 있는 경우 합당한 보호를 받을 수 없는 상태이기도 합니다. 지금은 낙태해도 범죄는 아니지만, 모자보건법에는 여전히 낙태 가능 기간을 24주까지로 명시해 놓았습니다.

여기서 과거에 존재했던 낙태죄와 살인죄를 비교하는 것도 의미 있을 듯합니다. 법적으로 낙태 가능 주수가 24주이므로, 낙태의 관점에서 본다면 24주 이전과 이후를 기준으로 사람인지 아닌지를 판단하는 것일까요? 아닙니다. 흥미롭게도 낙태죄는 살인죄와 달랐답니다. 살인죄로 기소될 수 있는 시기는 출생 이후입니다. 산모와 독립적으로 분리된 이후 신생아부터 사람으로 인정한다는 것입니다. 다시 말해서 35주차 태아를 죽이면 낙태를 실시하면, 과거에는 낙태죄에 해당하였을지 몰라도 살인죄는 아니었습니다. 24주부터 출생까지의 태아는 24주 이전의 태아와 다른 어떤 생명체이기는 하지만 여전히 법적으로는 사람이 아니라는 말입니다. 참 애매하고 모호한 개념입니다. 저는 생명을 살리신 예수님을 그리스도로 믿는 신앙인이기에 이 문제를 놓고 어떤 선택을 해야 할지 몹시 고민했습니다. 우리는 언제부터가 사람이라고 자신 있게 말할 수 있을까요? 한 번쯤은 깊게 생각해봐야 할 문제입니다. 다음 장부터는 법적으로도 사람이라고 명백하게 부를 수 있는 출생 후 발생 과정을 살펴보도록 하겠습니다.

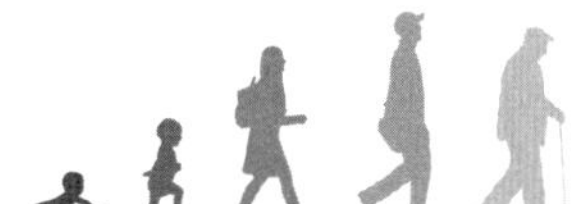

3부

삶의 전반전

좁은 문과 넓은 문

"좁은 문으로 들어가라.
멸망으로 인도하는 문은 크고 그 길이 넓어 그리로 들어가는 자가 많고
생명으로 인도하는 문은 좁고 길이 협착하여 찾는 이가 적음이니라"

마태복음 7:13-14

출생에서
사춘기까지

 우리는 모두 누군가 전한 복음과 하나님의 은혜로 말미암아 겨자씨같이 작은 믿음이 생겨났습니다. 이렇게 그리스도인이 된 우리의 신앙은 변화를 거듭하게 됩니다. 그 변화가 성장과 성숙이면 좋겠지만, 탈성장과 미성숙으로 이어지기도 합니다. 초신자들은 교회 공동체 안에서 지속적인 양육을 받게 됩니다. 그리고 어느 순간 초신자라는 딱지를 떼는 시기를 맞이합니다. 스스로 서야 하는 시기가 도래하는 것입니다. 마치 태아기 때 안전한 엄마 배 속에서 엄마가 전해주는 산소와 영양분을 쉽게 공급받던 시기에서 벗어나, 출생한 뒤 스스로 숨을 쉬고 외부 세상과 직접 접촉하며 살아가기 시작하는 것처럼 말이지요. 양육자로부터 한두 달 받는 친절한 양육이 끝나면 기존 신자와 똑같은 문화와 관습을 따르게 됩니다. 양육 받을 땐 양육자를 통해 바라보던 세상을 이젠 홀로 바라보고 자신의 오감을 적극적으로 활용하며 살아가야 합니다.

이 세상엔 똑같은 사람은 없습니다. 모두가 다릅니다. 그러나 사람이라면 누구나 가지고 있는 아주 정교한 생체 시계에 의해 배아기와 태아기 때 비슷한 시기의 비슷한 변화를 겪게 됩니다. 모든 산부인과 진료도 이러한 사실에 기반합니다. 모든 수정란은 저마다 다른 DNA를 갖고 있지만 비슷한 시기에 난할을 거치고 착상을 하며, 낭배형성과 신경배형성 그리고 조직형성 과정을 거치게 됩니다. 그 이후 성장 위주인 출생 전 발생 기간과 속도도 비슷해서 태아가 선천적인 질환을 갖지 않거나, 산모가 위험해지는 등 특별한 상황이 아니라면 태아는 38-40주 사이에 약 3kg의 몸무게와 약 50cm의 키로 출생하게 됩니다.

출생 후 1개월까지의 아기를 신생아라고 부릅니다. 1개월부터 24개월까지를 영아, 24개월부터 12세까지를 어린이, 12세부터 19세까지를 청소년이라고 합니다. 부모에게서 독립해 홀로 경제생활을 할 수 있는 나이가 되기까지의 미성년자들입니다. 성인이 되기 직전의 시기는 이차성징을 동반한 사춘기가 끝날 무렵과 겹칩니다. 이번 장에서는 이 변화무쌍한 시기에서 일어나는 발달 과정을 살펴보도록 하겠습니다. 출생 전에 이미 거의 모든 기관이 완성되었기 때문에 여기서는 소아들의 평균적인 행동 발달을 중심으로 간략하게 소개하도록 하겠습니다.

신생아(출생~1개월)

태어나 한 달까지의 기간입니다. 엄마 배 속에 있을 때와 비슷한 모습으로 팔다리를 구부리고 있습니다. 아기의 출생을 지켜본 경험이 있다면 출생 직후의 아기 모습을 보며 말로 형용할 수 없는 기분을 느끼셨을 것입니다. 저도 그랬으니까요. 생각보다 정말 작아서, 머리가 길쭉하게 늘어나 있어서, 부모가 아니면 아무것도 할 수 없는 존재라는 게 체감되어서 등등 여러 가지로 놀라운 순간으로 기억됩니다.

신생아 기간의 아기는 빛을 비추면 눈을 감는 시각 반응을 보입니다. 신생아는 20-30cm 거리에 있는 물체를 가장 잘 볼 수 있다고 합니다. 엄마 젖 냄새를 구별할 수 있습니다. 신맛은 출생 시 이미 느낄 수 있으며, 짠맛과 쓴맛은 4-6개월이 되어야 발달하게 됩니다. 청각 역시 출생할 때 이미 발달해 있습니다. 청각은 출생 후 수일 내에 예민해집니다. 목소리에 반응을 보이기 시작합니다. 촉각은 출생 시에는 입술과 혀를 제외하고는 그리 발달해 있지 않습니다. 그럼에도 출생 즉시 엄마 젖을 물리면 잘 빱니다.

목에 탯줄을 감고 나와 창백해 보이는 제 아들을 분만실에서 처음 봤을 때가 기억납니다. 아내는 서른 시간 진통으로 기진맥진해 있었습니다. 간호사가 아기를 간단하게 닦이고 속싸개에 감싸고 엄마 젖을 물리니 힘차게 빨았습니다. 제게는 이 모습이 아들의 출생 순간보다 더 감동되는 순간으로 기억됩니다.

영아(1개월~24개월)

태어나 한 달이 지나고 두 돌을 맞이할 때까지입니다. 출생 때 평균 키는 약 50cm인데 반하여, 생후 6개월간 약 17cm 자라며 돌 무렵이 되면 75cm가량 됩니다. 영아 시기가 끝나는 두 돌 무렵이면 10cm가 더 증가하여 약 85cm가 됩니다. 체중은 출생 때 약 3kg 안팎이지만, 생후 3개월간 하루에 30g 정도씩 증가하며, 정도는 줄어들지만 지속해서 체중이 증가하며 돌 무렵이 되면 출생 때 체중의 3배 정도인 10kg 안팎이 됩니다. 두 돌 무렵이면 출생 때의 4배인 13kg 정도가 됩니다.

겉싸개와 속싸개에 싸여 있던, 마치 살아있는 인형 같던 아기는 영아기 동안 행동적인 면에서 큰 변화를 보이게 됩니다. 누워서 아무것도 못 하던 아기는 4개월이 지나며 엎어 놓으면 머리와 가슴을 들어 수직으로 머리를 세울 수 있으며, 7개월이 되면 혼자 앉아 있을 수 있습니다. 10개월이 되면 부모의 도움 없이 일어나 앉을 수 있으며, 기어 다니고, 구조물을 붙잡고 일어서며, 가구

등을 붙잡고 걷기도 합니다. 돌 무렵이 되면 드디어 혼자 일어설 수 있고 혼자 걸을 수 있습니다. 물론 돌잔치를 경험해 본 부모님들은 아시겠지만, 돌이 되었는데도 혼자 일어나 걷지 못하는 아이들도 꽤 많습니다. 제 아들도 돌잔치 때 혼자 걷지 못했답니다. 사진 찍을 때 뒤에서 제가 잡고 있었던 기억이 나네요. 그러나 15개월 무렵이 되면 거의 모든 아이는 혼자 일어나 걸을 수 있습니다. 평균보다 조금 늦는다고 걱정할 필요는 전혀 없습니다. 18개월이 되면 서툴지만 뛸 수도 있게 되거든요. 그러다가 두 돌이 되면 잘 뛰어 다니며 한 번에 한 계단씩 오르내릴 수도 있게 됩니다. 2년 만에 일어나는 급격한 변화입니다.

언어적인 면에서는 어떨까요? 목소리에 반응을 보이는 정도였던 아기는 1개월부터 미소를 짓기 시작합니다. 2개월이 되면 다른 사람의 목소리를 듣고 자신의 목소리를 낼 수 있습니다. 4개월이 되면 크게 소리 내어 웃기도 합니다. 7개월이 되면 의미를 파악하긴 어렵지만 재잘거리기 시작합니다. 10개월 아이는 이름을 부르면 반응합니다. 그리고 돌 무렵이면 '엄마'나 '아빠' 외에 다른 말을 몇 개 정도 할 줄 압니다. 18개월이 되면 10개 정도의 단어를 말할 줄 알게 됩니다. 그러다가 두 돌이 되면 간단한 문장을 말할 수 있으며, 그림책을 읽어주면 귀를 기울여 듣기도 합니다.

사회적 행동에서도 많은 변화를 보입니다. 목소리에 반응하여 몸을 움찔거리던 아기는 2개월이 되면 주위의 자극에 반응하여 미소 짓고, 4개월이 되면 먹을 것을 보고 좋아하는 반응을 보입니다. 10개월이 되면 '까꿍', '짝짜꿍' 같은 놀이를 할 수 있습니다. 돌이 되면 간단한 공놀이도 할 수 있고 옷을 입힐 때 자세를 취하기도 합니다. 15개월이 되면 원하는 것을 손가락으로 가리키며 달라고 요구할 수 있습니다. 18개월이 되면 혼자 먹을 수 있고, 문제가 있으면 도움을 요청할 수 있습니다. 마침내 두 돌이면 숟가락질을 잘 할 수 있게 되고, 간단한 옷은 혼자 입고 벗을 수도 있습니다.

● 어린이(24개월~12세)

어린이 시기에 들어선 아이는 태아기나 유아기와 비교해서 정도는 덜하지만 지속적으로 성장합니다. 4세 아이의 키는 출생 때 키의 2배인 약 100cm가 됩니다. 12세 경우는 출생 때 키의 3배인 약 150cm가 됩니다. 체중도 지속적인 증가합니다. 4세가 되면 출생 때 체중의 5배인 16kg 정도가 되고, 10세가 되면 출생 때 체중의 10배인 30kg 정도가 됩니다. 그러다가 12세가 되면 40kg까지 증가하게 됩니다. 상대적으로 머리가 큰 비중을 차지하던 몸의 비율도 점점 변화가 찾아와서 12세가 되면 성인의 비율과 유사해집니다.

아이들 대부분은 3세가 되면 안정된 자세로 잘 걷고 뛸 수 있습니다. 이 시기의 아이들을 보면 인간은 뛰기 위해 태어났을 것이라는 생각마저 들게 될 정도로 많이 뛰는 걸 관찰할 수 있습니다. 또한 2세부터 5세까지는 언어 발달이 폭발적으로 진행되는 시기입니다. 사용하는 어휘가 2,000개까지 늘어난다고 합니다. 문법적으로 완벽한 문장을 사용하는 아이들도 있습니다. 제 아들 같은 경우는 근육 발달은 조금 느린 편이었으나 말이 빠른 편이어서 온종일 쉬지 않고 재잘거렸던 기억도 남아 있습니다.

이 시기는 인지 발달이 뚜렷이 이루어지는 시기입니다. 점점 사물을 객관적이고 현실적으로 보고 이해하는 사고의 질적 변화가 일어나기 시작합니다. 일반적으로 아이들은 이 시기에 초등학교를 다니게 됩니다. 생활의 상당 부분이 가정 밖에서 이루어지게 되어 친구나 선생님과의 관계가 점점 중요해지게 됩니다. 부모와의 관계도 변화가 찾아옵니다.

● 청소년(12세~19세)

청소년기는 신체의 크기, 모양, 생리, 정신 및 사회적인 변화가 일어나는 시기로 성인이 되기 전 성장과 발달 과정에서 중요한 시기입니다. 세 가지 뚜렷한 현상이 나타납니다. 첫째, 키의 급성장과 이차성징이 나타나는 생물학적인 성장 또는 사춘기를 경험합니다. 둘째, 추상적인 생각을 할 수 있는 인지 발달의 성숙을 경험합니다. 셋째, 의존적인 상태에서 독립적인 성인으로의 정신적, 사회적 변화를 경험합니다.

사춘기의 중요한 변화는 성의 성숙과 키의 성장입니다. 여성은 에스트로젠, 남성은 안드로젠이라는 성호르몬이 분비되면서 생식계와 근골격계를 자극함으로써 사춘기가 시작되는 것으로 알려져 있습니다. 여자의 사춘기는 이르면 8세, 늦으면 13세 경에 유방이 돌출되면서 시작되며, 대음순을 따라 음모 발달이 뒤따릅니다. 난소나 자궁의 성장이 일어나며 사춘기가 시작되고 2-2.5년 동안 키의 급성장 이후에 초경을 경험하게 됩니다. 태어날 때부터 가지고 있던 난자가 이제 한 달에 한 번씩 배란되기 시작하는 것입니다. 남자의 사춘기는 이차성징이 나타나기 전에 고환의 부피가 커지는 것으로 시작됩니다. 사춘기 전보다 고환의 부피가 적게는 3배, 많게는 6배가량 증가하게 됩니다. 고환이 커진 후 6-18개월이 지나면 성기의 크기도 커지고 음모가 발달합니다. 정자가 생성되기 시작하며 점점 어른으로 변모하는 것입니다. *enhancer 9*

독립과 자립

무엇보다 출생 후 사춘기까지의 가장 큰 특징은 독립적으로 생존할 수 있다는 것입니다. 하지만 아직은 자립해 혼자 살기 힘듭니다. 오히려 자립하면 위험한 나이라고 할 수 있습니다. 독립하여 생존할 수 있다는 말은 발생생물학적인 관점에 따르는 표현입니다. 인큐베이터나 기타 의료장비의 강제적인 도움 없이도 홀로 숨 쉴 수 있고 먹고 소화할 수 있으며 감각에 반응할 수 있습니다. 배아기와 태아기를 거치며 거의 모든 조직과 기관들은 발생이 완성된 상태가 되기 때문입니다. 한편, 자립해 살기 어렵다는 말은 사회문화적인 표현입니다. 여전히 부모에게 의존적인 나이에 속하며 양육이 필요한 나이이기 때문입니다. 이때의 양육은 몸 뿐만 아니라 마음이나 정신의 영역까지 포함하게 됩니다. 사람이라는 존재는 짐승과 달라서 스스로 생각하고 추론하고 이유를 묻고 한계를 생각하며 그 너머를 궁금해하고 이성과 감정의 줄타기 속에서 살아가는 지구상 유일한 생명체이기 때문입니다. 성체, 성인이란 단지 몸이 아기를 낳을 수 있는 단계로 진입했다는 것 이상의 의미가 있는 것입니다.

신생아부터 청소년기까지 인간으로 성장하고 성숙해 가는 모습은 신앙의 성장과 성숙과도 같아 보입니다. 신앙인의 문화에 노출되고 그것을 따라가며 신앙생활을 하게 되는 과정에서 중요한 건 단지 스스로 성경을 읽을 수 있는지, 기도를 할 수 있는지, 교회 문화를 이해할 수 있는지에 국한되지 않습니다. 그리스도인의 신앙생활은 그런 형식을 갖추는 데 방점이 있지 않기 때문입니다. 갓 태어나서 성인이 되기 전까지의 기간은 내용보다는 형식이 갖쳐지는 시기인 것 같습니다. 그럼에도 불구하고 이 시기에 제 신앙의 성장 과정을 돌아보면 내용보다 형식에 많이 치우쳤던 것 같아 여전히 안타까운 마음이 남아 있습니다.

e9. 생물학적으로 어른은 어떻게 정의하나요?

생물학적으로 성인의 몸으로 변화하는 시기는 청소년기 또는 사춘기라고도 부르는 10대에 주로 찾아옵니다. 이때 사람은 신체적인 면에서 아이에서 어른으로 성장하기 때문입니다. 정신적인 부분에서도 변화가 시작되지만 생물학적인 관점에서 정의하는 아이와 어른을 나누는 기준은 신체적인 면에 치중합니다. 조금 더 구체적으로 말하자면, 자녀를 만들 수 있는 몸으로 변화하는지가 관건입니다. 여자의 경우엔 임신 가능한 상태가 되고 남자의 경우엔 사정을 할 수 있게 되는 상태가 곧 생물학적인 어른의 정의인 셈입니다. 이런 과정을 '성숙화 과정'maturation이라고 합니다. 성숙화 과정은 가시적인 차이, 이를테면 여자의 경우엔 유방과 골반의 발달, 남자의 경우엔 고환과 목젖의 발달 등을 나타내지만, 이런 현상을 유도하는 주체는 호르몬입니다. 그렇다면 호르몬은 가시적인 현상을 나타내기까지 몸의 내부에서 어떤 일을 하는 걸까요?

먼저 여자의 경우 뇌하수체 전엽에서 분비된 여포자극호르몬은 난소에 이르러 그 안에 존재하는 여포follicle를 여러 단계에 걸쳐서 성숙시킵니다. 이를 여포의 성숙화 과정follicular maturation이라고 합니다. 여포는 작은 주머니 모양의 세포 집합체로써 주로 어떤 분비 물질을 내부에 가지고 있는 구조물을 뜻하며 여러 장기에 포진해 있는데, 그

중 특히 난소의 피질에 있는 여포를 난포라고 부르기도 합니다. 여포 안에는 난자가 존재합니다. 즉 여포를 성숙시키는 목적은 그 안에 존재하는 난자의 발달을 촉진하기 위함이며, 충분히 성숙한 여포는 난자를 난소 밖으로 배출하게 됩니다. 우리가 배란이라고 부르는 단계입니다. 성인이 된 여자는 태어날 때부터 가지고 있던 난자의 수를 다 사용하기까지, 즉 폐경에 이르기까지 매달 이러한 과정을 반복하게 됩니다. 그리고 배란 후 정자와 만나지 못하게 되면 두꺼워졌던 자궁내막의 일부가 탈락하게 되면서 질을 통해 혈액이 배출됩니다. 우리가 잘 아는 월경이라는 현상입니다. 요컨대, 호르몬은 여포와 난자라는 세포를 성숙시키면서 성인 여자의 몸을 매달 임신 가능한 상태로 만들고 있는 것입니다.

반면 남자의 경우 여자와는 달리 이차성징을 겪으면서 처음으로 정자를 생성하게 됩니다. 여자에게는 원래 가지고 있던 난자를 배출하기 시작하는 시기가 이차성징이라면, 남자에게는 정자를 처음으로 만드는 시기가 이차성징인 것입니다. 여포자극호르몬은 고환에 이르러 세르톨리sertoli 세포를 자극하여 정자의 생성을 유도합니다. 반면, 황체형성호르몬은 고환 안에 있는 라이디히leydig 세포를 자극하여 테스토스테론 분비를 유도합니다. 이차성징 이전의 남자 고환 안에는 정자의 미성숙한 유형의 세포인 정원세포spermatogonium만이 존재하지만, 이차성징이 시작되면서 테스토스테론의 분비가 시작되면 정원세포는 발달하기 시작하여 여러 단계를 거쳐서 정자를 생성하게 되는 것입니다. 정원세포는 여전히 46개의 염색체를 가지고 있지만, 이차성징 때 남성 호르몬인 테스토스테론에 의해서 생식세포분열이 진행되어 비로소 23개 염색체를 가지는 정자가 생성되는 것입니다. 이 과정을 정자발생과정spermatogenesis라고 부르며 이는 미성숙한 정자의 원형세포로부터 완전한 기능을 갖춘 정자로의 성숙화 과정이라 할 수 있습니다. 생물학적으로 어른이 되는 과정 전체를 성숙화 과정이라고 표현할 수 있습니다.

(출처 : 김영웅, 『닮은 듯 다른 우리』, 124-126.)

세상 속의
그리스도인

저는 신앙의 영아기부터 청소년기에 이르기까지 그리스도인으로서 기초를 든든히 다져야 할 것이 무엇일까 생각해보았습니다. 관점에 따라 다양할 수 있겠지만 딱 한 가지만 고르라고 한다면 '정체성'을 꼽고 싶습니다. '나는 누구인가?'에 대한 영적인 질문에 대한 답을 스스로 할 수 있어야 삶과 신앙이 기름과 물처럼 분리되지 않고 균형과 조화를 이루며 '지금, 여기'에서 하나님 나라를 살아갈 수 있다는 믿음 때문입니다. 미국에서 11년을 살면서 직간접적으로 보고 듣고 경험한 것 중 가장 중요했던 것 역시 '정체성'이었습니다. 그래서 신앙의 정체성에 대해서 더욱 중요하게 여기는 것일지도 모릅니다.

그리스도인의 정체성

이민 2세나 1.5세의 경우 초등학생 때까지는 별다른 문제가 없다가 청소년기에 접어들며 서서히 자신의 정체성에 대해 의문을 품게 됩니다. 심한 경우 우울증을 앓는 친구들도 있습니다. 아이들은 자신의 국적과 문화와 언어 사이에서 발생하는 괴리에 대해 진지하게 고민합니다. 이민 1.5세의 경우에는 법적인 정체성한국시민과 자신들이 사용하는 언어영어와 자신들이 익숙한 문화미국 문화가 충돌하며 만들어내는 서로 다른 지점에서 오는 괴리를 느끼게 됩니다. 반면 이민 2세의 경우에는 본인의 국적은 미국이고 본인이 사용하는 언어는 영어인데도 불구하고, 아무도 자신을 미국인으로 보지 않는다는 사실로부터 괴리를 느끼게 됩니다. 서양인을 포함한 대부분의 사람은 상대와 대화를 나눠보기 전에 겉모습만으로 판단해버리니까요. 한국인 부모로부터 태어난 아이는 겉으로 보기에는 영락없는 한국인이기 때문입니다.

저는 타국에서 지내며 그리스도인도 영적인 차원에서는 이민자와 비슷한 경험을 한다고 느꼈습니다. 그리스도인은 비그리스도인처럼 세상 속에 살지만 세상에 속하지 않고, 세상과는 다른 삶을 살아야 하고, 또 지속해서 그 삶을 추구해야 하는 존재이기 때문입니다. 국적과 상관없이, 실제로 어느 나라에 거주하든지 상관없이, 모든 그리스도인의 영적인 국적은 '하나님 나라'입니다. 그러므로 어찌 보면 모든 그리스도인은 영적인 이민자의 삶을 살아가고 있는 셈입니다. 이를 '나그네' 혹은 '순례자'라고 표현합니다. 그래서 저는 그리스도인의 정체성은 '하나님의 나그네 된 백성' 혹은 '세상 속의 그리스도인'이라고 정의하는 것에 동의합니다. 미국에서 이민자로 살아가던 저로서는 이같이 그리스도인의 정체성에 대한 정의를 받아들인 뒤 신앙이 한 단계 성숙하게 되는 계기가 되기도 했습니다.

세상 속의 그리스도인

이민 1.5세나 2세들이 정체성의 혼란을 겪지 않거나 그 혼란을 줄일 수는 없을까요? 저는 가능하다고 생각합니다. 양육자인 부모님들이 자녀가 청소년이 되기 전에 혹은 정체성의 혼란을 겪을 때 늦지 않게 자녀와 함께 자신의 정체성에 대해 많은 시간을 들여 천천히 깨닫고 받아들일 수 있도록 대화하는 것입니다. 너무 뻔한 말 같나요? 하지만 평상시에 부모와 나누는 대화와 부모의 행동보다 더 강력한 교육/훈련 방법을 저는 알지 못합니다.

저는 영적인 정체성도 마찬가지라고 생각합니다. 수많은 그리스도인들이 세상을 살아가며 형식적으로는 신앙인으로 보이지만 내용적으로는 혼란과 괴리 가운데 머물고 있습니다. 하나님 나라와 세상 사이에서 일어나는 충돌지점에서 자칫 길을 잃기 쉽습니다. 이런 시기를 지나고 있는 신앙인들이 먼저 이 시기를 통과한 믿음의 선배들 혹은 성숙한 신앙인들을 찾아가 그리스도인의 정체성에 관해 대화를 나눌 수 있다면 얼마나 좋을까요? 그럴수만 있다면 이제 갓 신앙인의 길에 들어선 그리스도인들이 성령의 인도를 따라 올바른 방향으로 성장과 성숙의 길을 걷게 되지 않을까요? 물론 그런 도움을 주기 위해서는 우리 자신부터 '그리스도인은 누구인가?', '나는 누구인가?'라는 질문에 대한 답을 가지고 있어야겠습니다. 학창 시절 신앙을 갖고 사회인이 되어 미국으로 건너가 이민자로 살아가며 신앙의 사춘기와 같은 시간을 보내야 했던 저의 마음 한편에는 신앙의 선배들이 그리스도인의 제대로 된 정체성을 잘 설명해 주고 보여주는 것에 대한 그리움과 아쉬움이 언제나 남아 있었습니다.

사춘기에서
청년기까지

사춘기가 지나면 곧 법적으로 성인이 되는 나이가 됩니다. 일반적으로 여자가 남자보다 사춘기를 일찍 시작하고 일찍 마치는 경향이 있지만, 그래봤자 1-2년 정도 차이고 남녀 모두 16-18세 정도면 사춘기를 마치게 됩니다. 그리고 18세가 되면 법적으로 미성년자 딱지를 떼게 되는 나이이지요. 남녀 모두 이 나이에 이르면 성장은 멈추는 대신 성적으로 완전해지게 됩니다. 결혼한다면 아기를 낳을 수 있게 되는 것입니다. 일반적인 의미에서는 발생이 완료되는 시기에 접어든다고 할 수 있습니다. 물론 매일 샘솟듯 만들어지는 혈액세포나 끊임없이 자라나는 머리카락과 손발톱, 순간순간 떨어져 나가는 피부 각질층과 그 아래에서 계속 채워지는 상피층 같은 경우를 따진다면 사람은 마지막 숨을 쉴 때까지 발생한다고 말할 수 있겠습니다.

성인이 되면 성 정체성을 비롯해 자신의 정체성을 어느 정도 확립한 상태가 됩니다. 그야말로 독립과 자립을 할 수 있는 나이가 되는 것입니다. 실제로 많은 경우 이 나이에 이르면 대학에 입학하여 공부를 지속하거나 취직을 하여 경제생활을 시작하게 됩니다. 독립해 부모와 떨어져 생활하기도 합니다. 기숙사 생활이나 자취를 하면서 부모님이 해주시던 많은 것들을 하나씩 스스로 감당하게 됩니다. 독립했다는 자유를 느낌과 동시에 부모의 부재가 가져다주는 결핍으로부터 아쉬움을 느끼게 되기도 합니다.

이차성징이 끝난 지 얼마 되지도 않았는데 덜컥 주어진 성인이라는 딱지는 자유와 함께 많은 책임감을 요구합니다. 이성에 눈을 뜨자마자 정욕을 다스려야 하는 요구에도 충실히 따라야 합니다. 이제 갓 운전면허를 따고 운전을 할 수 있게 된 스무 살의 심정이랄까요? 이 시기의 청소년은 외모에도 신경을 쓰게 되고, 무분별한 생활의 유혹에도 쉽게 빠지게 됩니다. 내재한 충만한 에너지를 발산하고 싶은 마음에 자칫 잘못된 선택을 하게 되기도 합니다. 때로는 책임질 수 없는 일들을 벌이기도 합니다. 자신이 누구인지에 대한 정체성은 발견했어도 여전히 무엇을 해야 하는지에 대한 감각은 미성숙한 단계입니다. 그래서 사춘기를 질풍노도의 시기, 이유 없는 반항의 시기, 중간인, 주변인과 같은 말로 표현을 하는 것입니다. 그러나 이 시기만 해도 다행스러운 건 부모님이 그들 곁에 있다는 사실입니다.

이 시기의 청소년은 스스로 혼란스럽고 특별한 이유 없이 어른들을 향해 반항합니다. 그래서 수도 없이 방황합니다. 하지만 아직은 법과 사회적으로 책임질 수 없는 미성년자입니다. 그래서 부모님들이 자녀들의 방황과 반항의 결과를 책임져 줍니다. 그러나 성인이 되고 나이의 앞자리가 바뀌며 스무 살이 되면 많은 것이 달라집니다. 방황과 반항에는 책임이 뒤따르게 되고, 그 책임을 져야 할 당사자가 바로 자신이라는 사실을 체감하게 됩니다. 이전과 동일한 행동을 해도 성인이기 때문에 책임 당사자가 바뀌는 것입니다. 어쩌면 성인이라는 단어의 무게는 바로 '책임감'에 있지 않을까 싶습니다.

법적이고 사회적인 책임감은 개인의 생각과 마음이 아닌 개인의 행동에 뒤따르는 개념입니다. 해야 할 일을 하지 못하거나, 하지 말아야 할 일을 하게 될 때, 이 시기에 접어든 이들은 그 행위에 대한 책임 져야 합니다. 사춘기를 벗어나 성인의 대열에 들어선 이들이 감당해야만 하는 일입니다. 그렇다면 법과 사회적으로 성인이라는 인정을 받고, 육체적으로는 그 어느 나이보다도 혈기 왕성한 이들에게 필요한 건 무엇일까요? 어른들이 어떤 도움을 주어야 그들이 책임질 수 있는 행동을 하며 불필요한 에너지 낭비를 하지 않을 수 있을까요?

황금률과 윤리

저는 '책임감'과 '행위'라는 단어로부터 '한계'와 '절제'라는 단어를 생각하게 되었습니다. 할 수 있는 것과 할 수 없는 것의 경계, 그리고 해야만 하는 것과 해서는 안 되는 것의 경계, 이 두 경계는 곧 자신의 한계를 아는 것과 일맥상통하기 때문이며, 그것을 아는 것을 넘어 자신의 일상 속에서 그것을 지켜내는 것은 절제와 다름없기 때문입니다. 이런 기준들은 사회와 문화에 따라 다르기도 하지만, 인간이라는 공통분모에 따른 인권 같은 부분에 대해서는 어디서나 동일한 기준이 적용될 것입니다. 요컨대 자기중심적인 세계관에서 벗어나 타자를 존중하는 자세라고 할까요? 자기만 알고 자기만 사랑하고 타자를 자신보다 못하게 여기는 것은 관계를 무너뜨리는 대표적인 모습입니다. 모든 관계의 기본은 자기가 대접받고 싶은 대로 남을 대접하는 것입니다. 우리가 아는 사자성어로는 '역지사지'易地思之가 이에 해당할 것입니다. 어디서 많이 들어본 말이기도 합니다. 맞습니다. 바로 예수님께서 하신 말씀입니다.

"그러므로 무엇이든지 남에게 대접을 받고자 하는 대로 너희도 남을 대접하라 이것이 율법이요 선지자니라" (마태복음 7:12)

"남에게 대접을 받고자 하는 대로 너희도 남을 대접하라" (누가복음 6:31)

저는 이 말씀이 예수님의 말씀이라고 해서 그리스도인에게만 국한된다고 생각하지 않습니다. 비그리스도인을 포함한 모든 사람에게 주어진 말씀이라고 믿습니다. 기독교 윤리관을 대변하는 황금률이라기보다는 모든 사람을 위한 윤리의 황금률이라고 생각합니다.

저는 그리스도인이지만 그리스도인이기 이전에 한 명의 사람입니다. 하나님은 천지를 창조하실 때 사람'아담'의 히브리어 뜻은 '사람'을 만드셨지 그리스도인을 만드신 것은 아니라는 깨달음은 생물학자인 저에게 대단히 큰 의미로 다가왔습니다. 하나님의 형상을 닮은 존재는 그리스도인에게 주어진 말씀이 아니라 사람에게 주어진 말씀이었기 때문입니다. 그래서 비그리스도인도 하나님의 형상을 닮은 존재라는 것을 알게 된 것입니다. 그러므로 저 황금률은 기독교라는 울타리를 초월하는 범우주적인 메시지라고 해석할 수 있는 것입니다.

타지에서 10년 넘게 정체성에 대해서 혼란을 경험하며 살아갔고, 그 시기에 그리스도인의 정체성에 대해서도 함께 고민했던 저는 이 시기의 청소년들에게 꼭 해주고 싶은 말이 있습니다. 거창한 일을 하거나 큰 꿈을 가지고 높은 곳에 올라가야 한다는 조언 때문에 정체성에 혼란을 가져왔던 제가 긴 어둠의 터널을 지나 비로소 발견한 것이기에 청소년들이 제 길을 걷지 말았으면 하는 바람 때문이기도 합니다. 그것은 그 어떤 것 보다 모든 사람에게 해당하는 범 윤리적인 삶의 태도가 중요하다는 것입니다.

정체성을 바르게 깨달았다는 것은 곧 그 정체성에 맞는 삶이 어떠한지에 대한 감을 잡았다고 볼 수 있습니다. 제가 좋아하는 크리스토퍼 라이트Christopher J. H. Wright 교수님이 쓰신『하나님 백성의 선교』를 보면 하나님 백성, 즉 그리스도인의 정체성과 그에 따른 윤리적인 삶이 어떠해야 하는지가 성경신학적으로 잘 담겨있습니다. 저는 이 책을 보며 그리스도인의 정체성을 세 가지로 정리했습니다.

첫 번째, 그리스도인은 '하나님의 도를 행하는 백성'이라는 것입니다. '하나님의 도'란 하나님 나라를 받치는 큰 두 기둥이라고 할 수 있는 공의와 정의를 의미합니다. 성경에서 처음으로 '공의'와 '정의'라는 단어가 등장하는 부분은 창세기 18장의 하나님께서 아브라함에게 하시는 말씀입니다.

"내가 그로 그 자식과 권속에게 명하여 여호와의 도를 지켜 의와 공도를 행하게 하려고 그를 택하였나니 이는 나 여호와가 아브라함에게 대하여 말한 일을 이루려 함이니라" (창세기 18:19)

하나님께서 아브라함을 선택하신 이유가 바로 아브라함으로 하여금 여호와의 도를 지켜 의와 공도를 행하게 하려 하심이라고 기록되어 있습니다. 공의란 올바른 관계 혹은 관계의 올바름으로 해석할 수 있습니다. 이는 곧 인간관계에서 서로를 공감하고 이해하고 배려하는 덕목입니다. 정의란 압제당한 사람에게는 구원이고 압제를 한 사람에게는 심판의 의미를 갖는 덕목입니다. 이 둘을 합치면 예수님이 말씀하신 황금률과 다르지 않습니다. 모두 하나님 나라를 사는 삶의 원리를 말해주고 있기 때문입니다.

두 번째, 그리스도인은 '열방에 복이 되는 백성'이자 '다른 사람들을 하나님께로 끌어들이는 백성'이라는 것입니다. 공의와 정의를 행하는 삶을 살라고 하나님께서 아브라함을 선택하시고 함께 하신 이유는 하나님을 믿으면 단지 높아지고 만사형통하게 된다는 표본을 보여주시기 위함이 아닐 것입니다. 만민에게 복을 주시려는 통로, 복의 근원으로 삼으시기 위함입니다. 복의 목적지는 열방과 만민이지 아브라함이나 그 민족만이 아니기 때문입니다. 즉, 구약의 아브라함이나 이스라엘 그리고 신약에서 그리스도이신 예수님을 믿음으로 아브라함의 자손이 된 영적 이스라엘인 그리스도인들에게 빠른 출세나 성공과 같은 사적인 욕망의 채워짐이 하나님을 잘 믿는다는 증거가 될 수 없습니다. 아브라함부터 시작된 복음은 처음부터 공적이었기 때문입니다. 결코 사적인 소원성취나 문제 해결에 그 목적이 있지 않습니다. 복음은 알라딘의 요술램프 속 지니가 아닐뿐더러 부적도 아닙니다. 그러므로 공의와 정의는 한 사람, 아담의 반역으로 시작되어 죄악에 물든 인간을 구원하시려는 하나님께서 다시 아브라함이라는 한 사람을 부르시고 보내시며 시작된, 소위 '하나님의 선교'에서의 핵심 포인트입니다.

세 번째, 그리스도인은 '구속적 삶을 살도록 구속받은 백성'이자 '세상을 향해 하나님을 대표하는 백성'이라는 것입니다. 공의와 정의를 행하는 삶을 통해 자기 자신만이 아닌 열방에 복이 전파되는 삶을 살며 복음의 공공성을 알게 되면 자연스럽게 그리스도인은 정체성과 직결된 삶을 살게 되는 것이지요.

저는 이 세 가지 그리스도인의 정체성을 정리하며 어떤 일을 얼마나 해내는 것보다 그 일을 어떻게 해내느냐가 더 중요한 가치라는 생각을 했습니다. 일의 성과나 양보다는 그 일을 할 때의 모습, 마음가짐, 자세가 중요하다는 생각입니다. 제가 그리스도인로서 전도와 선교에 동참한다고 하면 이 역시 말과 글만이 아닌 삶으로 나타나야 한다는 것을 알게 되었습니다. 그래서 저는 작은 일을 하더라도 정의롭고 공의롭게 윤리적으로 흠잡을 데가 없는 모습으로 설 수 있는 사람이 되어야겠다고 다짐하게 되었습니다.

청년기에서
중년기까지

이십 대 중후반에 들어서면 생물학적인 노화가 시작됩니다. 이제 한창일 나이인데 벌써 노화라니요? 성인이 된 지 얼마 되지도 않았는데 벌써 늙는다고요? 물론 모든 사람이 일률적으로 26세에 노화를 시작하지는 않습니다. 그러나 적어도 이십 대 후반에 이르면 대부분 노화의 징후들이 나타나기 시작합니다. 성장은 이십 대에 이르기 직전에 멈추고, 이십 대 중반에 노화가 시작되니, 결론적으로 보면 이십 대 초반이야말로 생물학적으로는 최상의 조건을 갖춘 셈입니다. 연구 결과 본인 스스로 몸이 예전과 다르다고 인정하게 되는 본격적인 노화는 삼십 대 후반에 시작된다고 합니다.

노화의 시작

이십 대 중반에 노화 징후가 나타나기 시작하지만, 본인은 자각하지 못하는 경우가 대부분입니다. 앞으로 살펴볼 청년기에서 중년기까지는 노화가 시작되었지만 본격적인 노화는 아직 시작하지 않은 나이라고 할 수 있겠습니다. 노화를 자각하는 시기라고 할까요? 아니면 노화를 대비해야 할 시기라고 할까요? 아무래도 후자로 읽는 게 낫겠지요?

문화적인 맥락에 따라 다르겠지만, 우리나라에서 이 시기에 막 접어든 사람들은 사회적으로 가장 활발할 때입니다. 대학에 진학했던 청년들은 졸업하고, 직장에서 경제 활동을 시작했던 청년들은 직장생활 5년 차 정도 됩니다. 이제 본격적인 사회생활을 시작하는 나이입니다. 게다가 나이의 앞자리가 바뀌며 삼십 대로 접어들면 이른 나이에 출세하는 사람들도 하나둘씩 생겨나고, 그렇지 못한 경우도 어느 정도 직장에서 자리를 잡아갑니다. 그리고 이때즈음이면 결혼하여 가정을 갖기도 합니다. 다음 세대를 낳는 주역으로 서서히 자리매김하게 되는 것입니다. 이제 부모의 입장으로 탈바꿈하는 시기에 접어듭니다. 키즈 카페에 가면 가장 많이 볼 수 있는 부모들의 나이대이기도 합니다. 부모에게서 독립하고 10년 정도 만에 부모의 자리로 가게 되는 것입니다.

개인적으로도 저는 이 시기에 대학원을 다니다가 결혼을 했고 박사후연구원으로 일했으며 아기도 가지게 되었습니다. 제 아들이 뇌전증간질 증상을 겪고 기적적으로 치유되는 사건도 바로 이 때입니다. 11년간의 미국 생활도 이 시기에 시작되었습니다. 신앙의 큰 회의가 찾아들고 방황을 하다가 하나님의 은혜로 다시 두 번째 삶을 시작한 것도 바로 이 시기였답니다. 돌이켜봐도 이때가 가장 많은 일을 하고 가장 많은 사회적 변화를 겪어내는 시기였던 것 같습니다. 인생의 전반전을 끝내며 후반전은 전반전의 연장전으로 만들지 말자고 다짐했던 시기도 이때였답니다. 이 시기의 혼란과 고난이 없었다면 지금의 저는 존재하지 않았을 것입니다. 인생에서 가장 힘들었던 시기, 그러나 인격적으로 가장 하나님을 깊이 만나고 성숙해졌던 시기로 감사하게 기억되고 있습니다. *enhancer 10*

e10. 노화의 가장 중요한 원인은 무엇일까요?

노화를 이해하기 위해서는 가장 먼저 세포의 노화senescence를 노화의 원인으로 살펴봐야 합니다. 세포생물학적인 관점에서 아이와 어른의 가장 큰 차이점 중 하나는 세포의 분열 능력이라고 할 수 있습니다. 아이와는 달리 발달 및 성장 과정이 끝난 어른의 세포는 대부분 세포 분열을 할 수 있는 능력을 상실하게 됩니다. 물론 모든 세포가 그런 건 아닙니다. 사십 대를 지난 어른이라도 어떤 특정한 세포는 여전히 분열하고 분화하는 능력이 있습니다. 가령, 상처가 났을 때 그 상처 난 부위가 아무는 과정은 아이보단 속도가 느리고 완벽하진 않지만 어른들에게서도 여전히 이뤄지고 있습니다.

또한 세포의 수명이 상대적으로 짧은 세포들, 즉 소화기관을 이루고 있는 상피세포들이나 혈액을 구성하는 혈구세포들은 사람이 죽을 때까지 분열과 분화를 합니다. 생각해보면 꽤 상식적인 이야기입니다. 사람은 살기 위해서 죽을 때까지 먹고 소화하고 배출하며, 피는 심장이 멈추는 날까지 온몸을 순환하기 때문이지요. 그러나 나머지 신체 장기를 이루는 세포 대부분은 더는 분열하지 않습니다. 일시적이거나 가역적인 현상이 아니라 돌이킬 수 없는 비가역적인 현상입니다. 슬프지만 돌이킬 수 없는 강을 건넌 것입니다. 또한, 각 장기에 소수로 존재하는 줄기세포의 숫자 역시 줄어들고 기능도 점점 상실합니다. 이런 이유로 인간의 노화는 결국 세포 노화의 총체적인 열매라고 할 수 있으며, 인간의 노화를 소급하면 세포의 노화에 다다른다고도 표현할 수 있습니다. 그러니 노화의 가장 중요한 원인은 세포의 노화라 할수 있습니다. 모든 인간은 단 하나의 세포로 부터 출발 하였으니 당연한 것 아닐까요?

(출처 : 김영웅, 『닮은 듯 다른 우리』, 128-129.)

좁은 문과
넓은 문

국어사전을 찾아보니 '꼰대'는 일반적인 은어로 '늙은이'를 이르거나 학생들의 은어로는 '선생님'을 이르는 말이라고 합니다. 언제부터인가 우리 사회에서 꼰대의 의미는 점차 확장되어 나이와 상관없이 권위주의적 사고방식을 가진 사람을 비하하는 뜻으로 사용되고 있습니다. 또한, 자신의 경험을 일반화해서 남에게 일방적으로 강요하거나 시대착오적인 주장을 일방적으로 늘어놓는 행위를 '꼰대질'이라고 정의합니다. 그러므로 꼰대는 매사에 선생 노릇하는 사람, 즉 누구나 언제나 함부로 가르치려 드는 자를 일컫습니다. 꼰대라는 단어가 이렇게 부정적인 이미지를 갖게 된 까닭은 무엇보다 타자를 향한 존중과 배려가 결핍

되어 있기 때문일 것입니다.

• 넓은 문

저는 나이를 먹으며 솟아오르는 제 안의 '꼰대력'을 보며 꼰대라는 단어를 '철이 덜 든 어른아이'라고 조금 달리 정의해 보았습니다. 어른인 제 안에서 아이의 모습을 보았기 때문입니다. 물론이때의 '아이'라는 표현은 천진난만함이랄지 순진함이랄지 하는때 묻지 않은 순결하고 긍정적인 이미지가 아니라, 자기밖에 모르고 그래서 이기적인 모습의 부정적인 이미지를 뜻합니다. 어린아이는 그럴 수밖에 없습니다. 부모로부터 조건 없는 사랑과 희생을받고 있기 때문입니다. 또한 인간이라면 모두 다 그러한 과정을거치기 때문입니다.

하지만 보통의 아이들은 성장하며 그리고 사회생활을 하면서점점 그러한 이기심 혹은 자기애에서 벗어나게 됩니다. 인간인지라 완전히 자유로울 수 없지만, 적어도 이러한 이기심을 공개적으로 주장하는 게 옳지 않다는 사실을 인정하고 받아들이게 됩니다.나도 소중하지만, 타인도 똑같이 소중하다는 사실을 배우고 깨닫게 되는 것입니다. 어른이 되면서 비로소 철이 드는 것이지요.

그러나 성장이 멈추고 노화가 한창 진행 중인 어른이 어린아이와 같은 이기적인 모습으로 내 주장만 옳다고 고집부리고, 그 주장을 다른 이들에게 강요하기만 한다고 생각해 보세요. 과연 누가 이런 사람과 정상적인 관계를 맺을 수 있겠습니까? 어쩌면 이것이 꼰대의 전형적인 발생과정이라고 할 수 있을지도 모르겠습니다. 요컨대, 꼰대는 성숙화 과정을 건너뛴 채 나이만 먹어버린 아이, 즉 철이 덜 든 어른아이인 것입니다.

제 신앙의 여정을 돌아보니 한편으로 제 모습 같다는 생각도 들었습니다. 여러분은 어떤 사람이 꼰대 같아 보이시나요? 여러분은 혹시 꼰대라는 단어를 듣자마자 성숙함을 포기하고 나이만 먹어버린 철이 덜 든 어른아이와 같은 특정인의 얼굴이 떠오르시나요? 제 주위의 사람들이 그건 바로 '김영웅'이라고 대답할까 조금 두렵기도 하지만요. 저도 제 안의 넘치는 꼰대력을 주체하지 못해 누군가에게 꼰대질하고 있을지도 모르겠습니다. 어쩌면 신앙인이라는 우리 중 그 누구도 완벽하게 꼰대라는 타이틀에서 벗어날 수 없을지도 모르겠습니다.

그래서 저는 적어도 다른 사람들과의 관계에서 인간으로서 그리고 그리스도인으로서 지켜야 할 선을 지키기 위해 최선을 다하려고 노력하고 있습니다. 예수님께서 다시 오시기 전까지 그리스도인이라면 추구해야 할 최소한의 자세가 분명히 있다고 믿기 때문입니다. 요컨대, '나의 신앙으로 다른 사람의 신앙을 함부로 판단하지 않기'라고 할까요? 이 같은 자세는 제가 앞서 말씀드린 윤리적인 자세 중에서도 기본중의 기본이라고 생각합니다. 만약 제가 이러한 노력을 불편해 하거나 심지어 멈춘다면 신앙을 포기하고 세상의 넓은문을 선택한 것이라는 가장 분명한 증거가 될 것입니다.

좁은 문

노화가 시작되면 그 징후는 온몸 구석구석에서 진행됩니다. 노화는 자연스러운 현상이고 거부할 수 없지만, 적어도 우린 그 노화를 앞당기거나 증폭시키지 않을 수는 있습니다. 그러기에 하루가 다르게 사라져가는 근육을 보충하기 위해 매일 근력 운동을 지속해야 합니다. 시대가 바뀌면서 서양화되어가는 식단의 부정적인 부분에 저항하며 패스트 푸드보다 슬로우 푸드를 고려해야 합니다. 이런 모습은 우리가 할 수 있는 일상 속 저항의 작은 실천이라고 생각합니다. 저는 현재 마흔여섯인 제 모습이 적어도 쉰이 넘은 사람처럼 보이지 않도록 꾸준히 식단 조절과 운동을 병행하며 편리하고 빠른 식습관 문화에 저항하고 있습니다. 적어도 꼰대로 늙고 싶지는 않기 때문입니다.

제 자신에게 질문해 봅니다. 만약 내가 교회에서 중직자가 된다면, 어떤 중직자의 모습이 하나님이 원하시는 걸까? 내가 장로님이라 불리고, 권사님이라 불리고, 안수 집사님이라 불린다면 어떤 모습이어야 할까? 이 답을 위해 저는 먼저 신앙의 선배라고 하면 어떤 이미지가 떠오르는지 생각해보았습니다. 처음에는 떠오르는 이미지가 너무 이상적인 모습이라 당황스러웠습니다. 그런데 제가 원하는 이상형을 그려놓고 보니, 그건 사람이 아니라 예수님의 단편적인 모습이라는 사실을 알 수 있었습니다. 제가 생각하는 신앙의 선배는 어떤 길 끝에 서서 무엇인가를 성취한 모습으로 있는 게 아니라, 후배와 동료와 함께 같은 길 위에 서서 계속해서 걸어가고 있는 모습이었습니다. 완료의 모습이 아닌 진행형의 모습이었습니다. 먼저 앞서나가거나 상석에 앉아 경쟁에서 이긴 사람처럼 승리감에 취해 타자를 패배자로 바라보는 존재가 아니라 연약하고 부족한 나와 함께 하는 존재였습니다. 그래서 저는 자연스럽게 다짐하게 되었습니다. 저도 꼭 그런 사람이 되고 싶다고요. 저도 그렇게 늙고 싶다고요. 바로 이런 신앙의 선배는 결코 '꼰대'가 아닐 것입니다. 오히려 신앙의 '지혜자'라 불려야 할 것입니다.

지혜자라고 해서 무언가 거창한 일을 해낸 사람을 떠올리는 것 자체가 이미 세상의 논리에 잠식된 관점일 수 있겠다고 생각합니다. 예수님도 그러셨습니다. 로마의 압제자를 말씀만으로도 무력화시킬 수 있는 능력 있는 분이 친히 사람의 몸을 입고 오셔서 가난한 자, 억눌린 자, 약한 자와 함께 하셨습니다. 겸손하신 모습으로 그들을 섬기셨습니다. 멋진 신앙의 선배는 이러해야 하지 않을까 싶습니다. 그 어떤 신앙인의 모델도 예수님이 보여주신 모습에서 출발해야 한다고 믿습니다.

적어도 무엇인가를 더 많이 안다고 해서 자신이 아는 것으로 모르는 사람을 무시하지 않고, 무엇인가를 더 많이 가졌다고 해서 자신이 가진 것으로 그렇지 않은 사람을 비하하지 않는 사람이면 좋겠습니다. 자신이 가진 부와 권력으로 타인의 권리를 침해하지 않는 사람이면 좋겠습니다. 부와 권력이 사람을 결코 우월하게 만들어주지 않는다는 사실을 아는 겸손한 사람이면 좋겠습니다. 오히려 기득권을 내려놓고 가진 것을 기꺼이 나누고 소통할 수 있는 사람이면 좋겠습니다. 예수님이 성령으로 우리와 함께하시듯 신앙의 선배도 선후배를 막론하고 언제나 함께 하는 사람이면 좋겠습니다. 그런 신앙의 선배님으로부터 지혜와 연륜을 배우며 신앙의 성숙화 과정을 차근차근 밟아가길 소원합니다. 제가 그런 장로님, 권사님, 안수 집사님으로 불린다면 더할 나위 없을 것 같습니다. 제가 그런 교회의 중직자가 될 수 있다면, 그래서 단 몇 명의 젊은이들이라도 저로 인해 하나님 나라를 꿈꿀 수 있다면 이보다 소중한 신앙의 노화는 없으리라 생각합니다.

그리스도인의 사명

지금 이 시기는 제가 살아가고 있는 현재 진행형의 시기이기도 합니다. 신앙인으로서 저에게 이 시기는 초신자였던 제가 영적인 정체성을 깨닫고 난 뒤 인간으로서 윤리적인 삶의 자세도 다잡고 난 뒤의 다음 단계라는 생각이 들었습니다. 그래서 이 시기는 저에게 있어서 본격적으로 하나님 나라를 살아내야 하는 시기이기도 합니다. 그래서 저는 이때가 '지금, 여기에서 나는 무엇을 해야 하는가?'라는 질문과 연결되어 있다고 생각합니다. 말하자면, 그리스도인의 사명이랄까요?

이젠 더이상 초신자나 새신자가 아닌 성숙한 그리스도인으로서 자리매김하는 시기입니다. 또한, 이 시기에 속한 사람들이 부모의 자리로 간다는 점을 생각하면, 영적으로도 다음 세대를 세우고 양육하는 시기인 것 같기도 합니다. 과연 이 시기에 저는 정체성과 윤리의식을 갖춘 그리스도인으로 살아가는 것일까요? 만약 그렇다면 이 시기의 그리스도인에게 사명이란 어떤 의미인지에 대한 고민이 깊어졌습니다. 어떻게 해야 다음 세대에게 그리스도인의 삶이 어떤 것인지 알려주고 보여줄 수 있을까에 대한 부담이기도 합니다. 제가 과연 좁은 문으로 들어가는 그리스도인으로 살아갈 수 있을지에 대한 부담이기도 합니다.

저 역시 아직 정답은 잘 모르겠습니다. 이 시기를 지나 마흔 중반에 이르렀지만, 저는 여전히 자신 있게 누군가에게 말해줄 그 무엇을 가지고 있지 않은 듯합니다. 책을 읽고 믿음의 선배들에게 들었던 말과 제가 오랜 시간 고민하고 사유하던 것들을 여기에 적을 수는 있겠지만, 그랬다간 자칫 경솔한 모습이 될 수 있을 것 같아서입니다. 대신, 제가 그 시기를 지나며 남겼던 흔적들을 소개해 드릴 수는 있을 것 같습니다. 인생의 낮은 점을 지나면서 뒤늦게 그리스도인의 정체성과 윤리의식과 사명을 치열하게 고민하고 묵상했던 나날들 가운데 끄적인 글들을 제일 마지막 5부에서 가감 없이 소개해볼까 합니다.

이제 저도 경험하지 못했던 삶의 후반전으로 넘어가 보겠습니다. 제가 경험해 보지 못했던 미래의 시간이라 되도록 생물학자의 관점에서 생물학적 정보를 전달 드리는 것으로 스스로 만족해 보려 합니다.

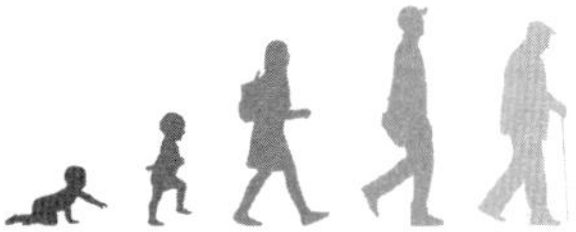

4부

삶의
후반전

그리스도인의 아름다운 마무리

"풍요로운 중년기를 보내는 인간은 세상에서 내 자리를 찾았다고 생각하지.
사실은 세상이 자기 속에서 자리를 찾은 것인데도 말이야.
갈수록 높아지는 명성, 넓어지는 교제권, 나는 중요 인물이라는 의식,
열중할 수 있는 즐거운 일의 가중되는 압력 등은
이 땅이야말로 편안히 안주할 수 있는 고향이라는 인식을 심어주는데,
이것이야말로 우리가 원하는 바다."

C. S. 루이스

중년기에서
노년기까지

생물학적으로 40세를 넘기게 되면 자타가 부인할 수 없는 노화의 여정을 걷기 시작합니다. 2023년 현재 생물학 및 의학은 여전히 노화는 되돌릴 수 없는, 자연스러운 과정이라는 데에 입을 모읍니다. 소수의 연구자들은 노화도 질병의 한 종류이고 치료할 수 있으며 되돌릴 수도 있다고 주장하지만, 단편적인 동물 실험과 관찰 결과에 의존하고 있어 일반화하기에는 여전히 무리이며 특히 사람에게 적용하기에는 성급한 주장이 되겠습니다. 노화는 여전히 원래 상태로 돌아갈 수 없는 비가역적인 현상입니다. 65세에 이르면 사회적으로 노인으로 공인 되지만, 그 나이에 이르기까지, 즉 40세부터 65세에 이르기까지는 본격적인 노화의 과정을 겪게 됩니다. 사십 중반인 제 눈앞에 닥친 시기이기도 합니다. 그래서 아직 살아보지 못한 시기이기도 합니다. 생물학적인 변화는 자신이 있게 설명해 드릴 수 있지만 그 이상을 말씀드리는 것은 어려운 시기이기도 합니다. 이번 장에서는 노화가 일어나는 대표적인 조직과 기관들을 소개해드릴까 합니다.

앞으로 소개할 내용의 통계 자료를 포함한 객관적 정보는 대부분 '일러두기'에 소개한 최현석 선생님의 『뇌과학 사전』에서 가져왔습니다.

● 신경계

중추신경계를 이루는 뇌의 부피는 40세 이후에 감소하기 시작합니다. 50세가 되면 5%가 더 감소하고 60-70대 이후에는 속도가 훨씬 빨라집니다. 뇌의 부피가 감소하는 이유는 신경세포와 시냅스가 감소하기 때문입니다. 퇴행성 뇌 질환인 알츠하이머나 파킨슨병 같은 경우는 65세 이상 노인에게서 주로 발생하게 됩니다.

● 피부계

멜라닌세포는 25-30세 이후 10년마다 10-20%씩 감소하기 때문에 자외선에 대한 색소침착반응도 나이가 들수록 감소합니다.

따라서 햇볕에 많이 노출되더라도 피부색이 검게 변하지는 않지만, 그만큼 피부 손상은 심해집니다. 멜라닌은 피부를 자외선으로부터 보호하는 기능이 있으므로 백인의 피부는 노화가 빠르고 흑인의 피부는 노화가 느립니다. 참고로, 얼굴 피부 노화의 80%는 자외선 때문이랍니다. 진피에 풍부한 콜라겐과 엘라스틴은 피부에 탄력을 제공하는데, 나이가 들면 감소하기 시작하며 피부가 손상되고 변성됩니다. 콜라겐은 20대 초반부터 매년 1%씩 줄어들고, 40세가 지나면 감소 속도가 더욱더 빨라집니다. 40세부터 60세 사이의 중년은 얼굴 피부에 생기는 주름을 감추려는 노력이라도 할 수 있지만, 중년이 끝나는 60대는 감추려 해도 더는 감추기 어렵게 됩니다. 50대에는 목살이 처지면서 목주름이 나타나고 60대에는 피부가 전반적으로 축 처지는 주름이 생깁니다. 60대에는 진피 아래에 있는 피하지방의 분포가 변합니다. 20-30대에는 피하지방이 인체의 곳곳에 고르게 분포하지만, 60대 이상이 되면 얼굴, 팔, 다리에서는 줄어들기 때문에 이곳에 주름이 많이 생깁니다. 한편, 다른 곳의 피하지방은 증가하는 현상을 보이는데, 남성은 복부, 여성은 엉덩이와 허벅지에 많아집니다.

● 심혈관계(순환계)

30대 이후에는 나이에 비례해서 고혈압이 늘어납니다. 우리나라의 경우 30대의 12%, 40대의 21%, 50대의 35%, 60대의 46%, 70대의 70%에 고혈압이 있다고 합니다. 나이에 따라 혈압이 높아지는 주요 이유는 동맥의 말초 저항이 증가하기 때문입니다. 동맥경화증은 동맥이 두꺼워지고 딱딱해지면서 탄성을 잃는 상태를 통칭하는 용어로, 좀 더 넓은 개념으로는 전반적인 혈관 노화를 일컫는 용어입니다. 노화에 따른 혈관의 변화는 정맥이나 모세혈관보다는 동맥에서 나타납니다. 고혈압은 동맥 경직도를 증가시키고, 이로 인해 다시 혈압이 상승하는 악순환을 되풀이하게 됩니다.

골수 내 조혈조직의 비율은 출생 시에는 90%이지만 30세에는 50%, 70세에는 30%로 감소하며 그만큼 지방조직으로 대체됩니다. 적색골수에서 황색골수로 변해가는 것입니다. 노화에 따른 골다공증도 조혈작용에 영향을 미치게 됩니다. 노화에 따라 조혈모세포의 수와 기능이 감소하며, 골수계 전구세포가 림프계 전구세포보다 상대적으로 많아지게 됩니다. 65세 이상 노인의 10%는 빈혈이 있으며, 85세 이상 노인은 20%가 빈혈이 있습니다.

● **근골격**

골밀도는 20대 후반에 최대가 되었다가 30세 이후 매년 0.1-0.3% 정도로 조금씩 감소하고 여성은 폐경 이후 매년 1-2%씩 급격하게 감소합니다. 고령이 되면 남녀 간의 골밀도 소실률은 비슷해집니다. 근량과 근강도는 30세 때 최대가 되고 40세 이후부터 감소하는데, 근량은 10년마다 8%씩 감소하고, 강도는 10-15%씩 감소합니다. 70세 이후에는 속도가 더욱 빨라져 근량은 10년마다 15%씩 감소하며, 강도는 25-40%씩 감소하여 결과적으로 90세에는 근량이 20세의 절반 정도가 됩니다. 노화에 따라 점진적으로 발생하는 근손실은 남성이 여성보다 더 빠르며 상체보다는 하체가 더 심합니다.

소화

노화에 따른 연하장애삼키기 어려운 증상는 45세부터 나타나기 시작하며 50세 이상에서는 10%, 65세 이상 노인의 30-40%에게서 나타납니다. 나이가 들면 위에 존재하는 근육층의 운동성이 감소하기 때문에 위에서 십이지장으로 미즙을 내보내는 배출 속도가 느려지게 됩니다. 위 배출 시간이 길어지면 약물이 위에 오랫동안 남아 있게 되는데, 진통소염제 같은 경우는 위점막을 손상하고 궤양을 일으킬 수 있습니다. 정상적인 노화 과정에서 소장은 상대적으로 덜 손상되고, 운동성에도 큰 변화가 없는 편입니다. 이에 반하여 대장은 노화로 인한 변화가 많아 암을 유발할 가능성이 커질 뿐만 아니라 변비와 설사가 자아집니다. 항문의 오작동으로 인한 변실금이나 간의 크기가 줄어드는 현상, 혹은 췌장암 등의 소화기 장애는 65세 이상이 되면 좀 더 빈번하게 발견됩니다.

• 생식

난자는 출생 이전에 이미 만들어졌다가 사춘기를 지나면서 순차적으로 배란되는 것이므로 나이가 들수록 노화된 난자가 생산됩니다. 노화된 난자의 염색체는 돌연변이가 많고 수정 확률이 감소하며, 수정된 경우에도 착상되지 않아 유산할 가능성이 증가합니다. 20대 여성의 불임률은 5%이며, 35-40세는 32%, 40-45세는 70%입니다. 45세 이후에는 임신 자체가 어렵습니다. 35세 이상 여성의 임신을 고령 임신이라고 하며 고혈압, 당뇨, 유산, 사산, 선천기형, 난산 등이 많아집니다. 난소는 40세 이후 기능이 쇠퇴하기 시작하여 50세에 난포 기능이 소실됩니다. 월경이 사라지기 때문에 폐경이라고 합니다. 폐경은 보통 50세 전후에 이루어집니다. 한편, 노화에 따라 고환의 기능이 감퇴하는데, 혈중 테스토스테론 농도는 40세부터 매년 1%씩 감소하고 정자의 생산은 50-80세 사이에 30% 감소합니다. 정자는 노화로 인한 임신 능력 저하는 없지만 40세 이후에는 비정상적인 염색체를 가진 정자의 빈도가 높아져 유산이나 기형아 출산이 증가할 수 있습니다. 여성은 폐경과 동시에 급격하게 노화하지만 남성은 점진적으로 노

화 과정을 겪습니다. 테스토스테론이 감소하면서 근량과 근강도
가 줄어들고 빈혈, 골밀도 감소, 고관절 골절, 성기능 감소, 인지능
력 감소 등이 나타납니다. 전립선은 40세 이후 커지기 시작하고
50대까지 매년 0.4ml씩 커지다가 60-70대에는 1.2ml씩 커집니다.
고령일수록 크기가 증가하는 속도가 빨라지므로 평균수명이 증
가할수록 전립선비대증을 앓는 사람들이 급증합니다. 전립성비대
증의 유병률은 60대 36%, 70대 43%, 80대 53%입니다.

- **호흡**

　폐활량은 30세 이후 매년 30mm씩 감소하고, 65세 이후에는
그 속도가 빨라집니다. 기관지에 발생하는 흔한 만성질환인 만성
폐쇄성폐질환은 우리나라 40세 이상 남성의 22%, 여성 6%가 앓
고 있으며, 65세 이상 남성의 46%, 여성 12%가 앓고 있습니다.
가장 중요한 원인은 흡연이며, 흡연자의 15-20%는 이 질환을 앓
게 됩니다.

- **감각**

　40대가 되면 노안이 생기기 시작합니다. 가까운 물체를 볼수록
수정체를 두껍게 해서 굴절력을 증가시켜야 망막에 정확히 상이

맺히게 되는데, 수정체를 두껍게 할 수 있는 조절력이 나이에 비례하여 떨어지다가 약 25-30cm의 근거리 작업에 장애가 생기기 시작하면 이 증상을 노안이라고 합니다. 눈을 많이 사용하는 직업을 가졌다면 이 증상은 더 빨리 찾아오기도 합니다. 청력 감소는 이르게는 30대부터 시작되는데, 고주파 소리를 듣는 능력부터 떨어지기 시작하므로 일상생활에서는 불편함을 잘 느끼지 못합니다. 그러나 50-60대에서는 대화 영역의 주파수인 1,000hz 부근에서 청력 감소가 생겨 일상생활에서 불편을 느끼기 시작합니다. 이 증상은 점점 더 심해지다가 60세가 넘어가면 저주파 영역의 청력도 떨어지게 되어 전반적인 소리의 감지 능력이 줄어들게 됩니다. 후각의 경우는 조금 다릅니다. 후각은 30-40대에 가장 예민하다고 합니다. 그 이후에는 점차 감소하게 됩니다. 55세 이후 급격히 감소하기 시작해 65세 이상 노인의 50% 정도는 후각 장애가 있다고 합니다. *enhancer 11*

신앙의 노화

수정으로부터 시작된 몸의 발생이 노화로 이어지듯이, 신앙도 발생으로 시작해 노화로 진행되는 것 같습니다. 노화라고 해서 부정적으로 생각할 필요는 없습니다. 노화도 노화 나름이기 때문입니다. 우리는 지혜와 연륜을 가진 사람이 되어 삶과 신앙의 조화와 일치를 추구하며 완벽하지는 않지만 예수님을 닮기 위해 애쓰며 살아갈 수 있습니다. 하지만 옹졸하고 편협한 꼰대가 되어 타자와 세상을 아랑곳하지 않고 자기만 알고 자기의 유익만 추구하는 삶을 살아가는 길을 선택할 수도 있습니다. 저는 신앙의 노화는 이렇게 두 가지 모습으로 진행될 수 있다고 생각합니다. 한 가지 분명한 것은 꼰대로 늙는 길은 넓은 문으로 통하는 것 같고, 지혜자로 늙는 길은 좁은 문으로 연결되어 있는 것 같습니다.

e11. 세포는 왜 분열 능력을 상실하게 되는 것일까요?

세포가 분열 능력을 상실하는 이유는 여러 인자가 복합적으로 일으키는 현상입니다. 가장 대표적인 원인 중 두 가지는 텔로미어telemere 길이가 줄어드는 현상, 그리고 DNA 손상damage이 있습니다.

텔로미어는 염색체 말단에 존재하며 반복되는 염기서열을 가집니다. 세포는 한 번씩 분열할 때마다 먼저 DNA를 복제하는데, 이 과정에서 모든 염색체의 길이가 조금씩 짧아지는 필연 적인 현상이 발생하게 됩니다. 그 이유는 DNA 복제를 담당하는 효소polymerase가 가진 방향성으로 인해 텔로미어 부분을 복제하지 못하기 때문입니다.

그래서 우리 몸은 텔로머레이즈telomerase라는 특별한 효소를 동원하여 텔로미어 부분을 복제해 만들기도 합니다. 그러나 텔로머레이즈는 배아 단계의 세포들이나 줄기세포에서나 다량 발현 하며 역할을 다하게 됩니다. 대부분의 정상적인 체세포에서 텔로머레이즈는 발현하지 않습니다. 그러므로 세포 대부분은 세포 분열시 염색체 길이가 짧아지는 현상을 필연적으로 맞이할 수밖에 없습니다.

세포의 종류마다 다르겠지만, 세포마다 정해진 세포 분열 횟수에 다다랐다면 염색체의 길이가 그만큼 짧아졌기 때문에 세포는 더 이상 DNA 복제를 하지 않기로 결정하게 되고, 이는 자연스레 세포 분열 능력 상실을 초래하며 세포 노화에 들어서게 되는 것입니다.

제가 처음 드린 질문인 "어떻게 단 하나의 세포가 사람이 될 수 있을까?"가 생물학의 궁극의 질문이 될 수밖에 없는 이유이기도 합니다. 이제 이 질문에 대한 대답이 조금은 달라지셨겠지요?

(출처 : 김영웅, 『닮은 듯 다른 우리』, 129-130.)

노년기에서
죽음까지

65세에 이르면 법적으로 사회적으로 노인이 됩니다. 예전에는 60세가 되면 환갑이라고 큰 잔치를 열었습니다. 1갑자甲子는 60년인데 이게 한 바퀴 돌았으니 오래 산 기념이기도 하고, 두 번째 갑자가 시작되니 새로운 생일이라는 의미도 있었다고 합니다. 평균 수명이 늘어난 뒤로 환갑은 그저 수많은 생일 중 하나로 여겨지고 있습니다. 이제는 암이나 치매를 앓더라도 보통 70-80세까지는 의학의 발전으로 인해 어렵지 않게 살 수 있습니다. 물론 이 시기에 접어들면 사회생활은 한 걸음 뒤로 물러나게 됩니다. 직장에서는 정년퇴직합니다. 퇴직금을 받아 조그맣게 가게를 하시는 분들도 주위에서 어렵지 않게 찾을 수 있습니다. 여전히 사회생활을 할 수 있긴 하지만 능률이 떨어질 수밖에 없습니다.

이 시기의 어르신들은 손주 손녀를 보는 재미에 빠져 계십니다. 바둑이나 골프, 등산, 낚시 등의 취미 생활을 본격적으로 시작하시는 분들도 많습니다. 평생 교육원에 가서 배움의 열정을 불태우시기도 합니다. 뒤늦게 악기도 배워보고 그림도 그려보는 등 그동안 해보지 못했던 여러 가지 일들을 자녀들의 경제적 뒷받침 가운데 즐기시는 분들도 있습니다. 평균 수명이 80세이니 65세이면 아직 15년을 더 살 수 있기에 노후의 삶은 어쩌면 또 다른 삶의 시작입니다. 암이나 알츠하이머 같은 퇴행성 질환으로 고통당하지 않아야 하겠지만요. 그래서 이 시기에 무엇보다 중요한 건 건강이겠습니다.

현재 우리나라에서는 법마다 노인을 정의하는 연령 기준이 조금씩 다르다고 합니다. 일부는 60세가 노인의 기준이기도 하지만, 대부분은 65세 이상을 기준으로 합니다. '노령연금법'에 해당하는 노령의 기준은 65세이고, '고령자고용법'에 해당하는 고령의 기준은 55세 이상입니다. 그러나 2020년 노인실태조사에 따르면 노인이 생각하는 주관적인 노인의 기준은 평균 70.5세였다고 합니다. 여기서는 노인에게서 나타나는 여러 가지 현상을 간략하게 소개하고자 합니다.

● 노인증후군

노인에게는 여러 질병이 복합적으로 존재하는 경우가 많고, 질병의 경과 중에 새로운 질병이 추가되는 경우도 많습니다. 복용하는 약이 많아 예상치 못한 부작용이 많아지며, 기존의 질병으로 설명되지 않는 비전형적인 증상을 보이는 경우도 많아진다고 합니다. '노인증후군'geriatric syndrome 이란 기존의 질병 개념으로 설명하기 어려운 노인 건강 문제를 규정하기 위해 도입된 개념입니다. 2000년 미국노인병학회의 교육위원회그룹에서는 의과대학생들이 수련받아야 할 13가지 노인증후군을 다음과 같이 제시했다고 합니다.

① 치매 dementia

② 부적절한 처방 inappropriate prescribing of medicine

③ 실금 incontinence

④ 우울증 depression

⑤ 섬망 delirium

⑥ 의인성 문제 iatrogenic problem

⑦ 낙상 fall

⑧ 골다공증 osteoporosis

⑨ 청력상실과 시력상실을 포함한 감각변화
   sensory alterations, including hearing and visual impairment

⑩ 건강유지 실패 failure to thrive

⑪ 보행불능 immobility and gait disturbance

⑫ 욕창 pressure ulcer

⑬ 수면장애 sleep disorder

　노인증후군은 다발적인 원인이 작용하여 노인의 삶의 질을 떨어뜨리고 무능하게 만드는 상태입니다. 딱히 기존의 질병 범주에 넣어 진단하고 설명하기 힘들어, 확실한 진단명 없이 증상을 치료하고 관리해야 하는 경우가 많습니다. 또 노화의 말기적 현상으로 여러 신체기관의 전반적인 기능이 동시에 감퇴하여 일상생활을 타인에게 의존하게 됩니다. 그래서 노인증후군이라는 말 대신 '마지막 공통 경로'final common pathway 라고 표현하기도 합니다.

• 다약제 복용

　65세 이상 노인의 75%는 약을 복용한다고 합니다. 노인에게 처방되는 약이 전체 처방약의 1/3을 차지하며, 노인은 평균 4-5개 이상의 처방약과 2개의 비처방약을 복용하고 있다고 합니다. 노인이 많이 복용하는 약은 고혈압약, 당뇨약, 심혈관계 약물, 진통소염제, 변비/소화불량/속쓰림에 대한 소화기 약물, 전립선비대증/요실금에 대한 비뇨기 약물, 항우울제, 수면제 등입니다.

노인은 다양한 질환에 서로 다른 병원에서 각각의 병을 따로 치료받게 되는 경우가 많습니다. 그렇다 보니 비슷한 작용을 하는 약을 중복하여 복용하거나, 함께 복용하지 말아야 할 약을 복용하는 경우가 발생하게 됩니다.

의사들은 질환이나 증상에 따라 약을 처방하므로, 증상이 많은 노인 환자들은 약이 많아질 수밖에 없습니다. 또 약국에서 처방전 없이 살 수 있는 약이나 건강보조식품을 함께 먹는 경우도 많습니다. 이렇게 여러 약을 먹게 되는 다약제 복용polypharmacy을 하게 되면 약 개수 증가에 따라 부작용이 기하급수적으로 증가합니다. 그뿐 아니라 약이 너무 많아 꼭 복용해야 할 약을 복용하지 못하는 경우도 생기게 됩니다. 노인이 입원하는 원인의 20%는 약의 부작용과 관련이 있다고 하니 다약제 복용은 결코 사소한 일이 아니라 하겠습니다.

● **노쇠**

노쇠란 늙어서 쇠약하고 기운이 별로 없다는 뜻으로 의학에서는 'frailty'의 번역어로 사용됩니다. 노쇠는 기력저하와는 다른 개념입니다. 서서히 노화가 진행되다가 어느 순간 갑자기 기력이 떨어지고 움직임이 둔해지며, 평소 하던 것을 하지 못하게 되고 체중도 감소하는데, 이때 노쇠했다고 말할 수 있습니다.

노쇠를 정의하는 공통된 기준은 이동 능력, 근력, 지구력, 균형 능력, 영양 상태, 신체 활동량, 우울증 등이 있습니다. 노쇠는 근본 원인이 노화인 만큼 나이가 많아질수록 증가합니다. 우리나라에서 2008년 전국노인실태조사에서 65세 이상 인구의 8%가 노쇠이고 49%가 전노쇠로 나타났다고 합니다. 노쇠는 여성이 남성보다 2배 정도 많다고 합니다. 어떤 원인에서든 일단 노쇠한 노인은 여러 신체 기능이 떨어져 타인에게 일상생활을 의존하게 되므로 삶의 질이 떨어집니다. enhancer 12

● 노인 비만

골량은 30세에 최대가 되었다가 이후 감소하고, 근량은 30대에 정점을 이룬 뒤 40세 이후부터 감소합니다. 지방량은 60대까지 증가하다가 60-70세 이후 감소하는데, 노화가 진행되면서 지방, 근육, 뼈의 상대적인 비율과 함께 지방의 분포양상도 변하며 복부 내장, 근육 세포 안팎, 골수에서 지방이 증가합니다.

우리나라 성인의 비만율은 체질량지수 기준으로는 33%, 복부 비만을 기준으로 하면 26%라고 합니다. 체질량지수를 기준으로 비만이 가장 많은 연령대는 남성은 40대, 여성은 60대이며, 복부 비만은 남녀 모두 60대에 가장 많습니다. 연령에 따른 비만 추이를 보면 체질량지수 비만은 나이가 들수록 증가하다가 60세부터는 감소하고, 복부비만은 70세까지 증가하다가 이후 감소합니다. 2020년 노인실태조사에 따르면 체질량지수 기준으로 우리나라 65세 이상 노인의 25%가 비만이라고 합니다.

e12. 분열 능력을 상실하게 된 세포는 어떻게 되나요?

    일반적으로 어떤 장기에 속한 세포 중에서 완전한 기능을 담당하는 세포는 최종적으로 분화한 세포입니다. 그리고 이 세포는 아주 특별한 경우가 아니라면 분열할 능력을 상실합니다. 이 세포는 각 장기에서 가장 많은 수를 차지하며, 생이 다할 때까지 성실하게 자신에게 부여된 기능을 실행합니다. 분열할 능력을 상실한 세포는 복제품을 만들 수도 없습니다. 이 세포에게 남은 일은 다른 세포와 조화를 이루면서 묵묵히 일하다가 '사멸'apoptosis하는 것입니다. 자연의 순리입니다. 자신이 속한 장기가 완전한 기능을 할 수 있도록 최선을 다하는 역할만 할 뿐입니다. 그래서 장기의 진짜 주인공이기도 합니다.

    이렇게 모든 생명은 탄생하고 성장하고 성숙하며 노화 과정을 거치다가 결국에는 사멸합니다. 암세포가 분화를 포기하고 분열을 지속한다는 것은 단지 그 수가 많아진다는 것만을 뜻하지 않습니다. 자연스러운 생명 현상, 즉 자연의 순리로부터 이탈했다는 의미이기도 합니다. 암세포는 궁극적인 사멸을 거부한 세포이기 때문입니다. 그래서 생물학자들은 암세포를 '불멸의 세포'immortalized cell라고 부르기도 합니다. 죽기를 거부한 세포. 그 전에 분화를 거부한 세포. 대신 오로지 무한한 분열만을 선택한 세포. 바로 암세포의 정체성입니다.

    세포의 사멸 역시 노화의 대표적인 원인이자 징후입니다. 흔히 알려진 알츠하이머나 파킨슨 병 같은 경우 뇌세포의 사멸이 주요 원인입니다. 나이가 들수록 뇌의 기능이 점차 떨어지며 그 결과 인지능력이 감소하게 됩니다. 인지능력뿐 아니라 여러 감각 기능도 쇠퇴하게 됩니다. 또한 암에 걸릴 확률이 40대를 즈음해서 급격히 증가합니다. 암 발생을 저지하는 유전자들tumor suppressor genes의 발현이 점점 줄어들기 때문입니다. 여기서 우리는 노화를 일으키는 요인 중 다른 한 가지는 유전자의 발현 조절에 있다는 사실도 알 수 있습니다. 이처럼 노화는 복합적인 요인들이 복잡한 상호작용으로 일으키는 현상입니다.

(출처 : 김영웅, 『과학자의 신앙공부』, 107-108.)

그리스도인의
아름다운 마무리

이렇게 노인의 노화와 노쇠 증상을 살펴보니 말로 형용할 수 없는 기분이 듭니다. 제가 노인이 되려면 아직 시간이 더 지나야 하겠지만, 저의 부모님 두 분 다 노인이라는 사실은 받아들여야 하기 때문입니다. 뵐 때마다 한층 더 늙어 보이시는 두 분을 생각하면 마음이 무너지는 듯합니다. 물론 미국에서 11년 생활할 때보다 더 자주 뵐 수 있어서 다행이지만, 더 자주 찾아뵈어야겠다고 생각하게 됩니다. 저로서는 아직은 무어라 말할 수 없지만, 어쩌면 노년은 인생의 후반전 중에서도 심판이 휘슬을 불기 5분 전 상황과도 같을까요? 이때의 어르신들께 필요한 건 무엇보다 건강일 것입니다.

● 한 발짝이라도

인생의 황혼에 서서 살아온 지난날을 돌이켜보며 많은 생각이 오갈 것 같습니다. 죽음이 문턱에 다가온 상황에서 아무렇지도 않은 사람은 없을 테니까요. 죽음이야말로 모든 인간에게 주어진 숙명이자 존재론적 불안의 근본 이유이니까요.

어른들께서는 제게 잘사는 것도 중요하지만 잘 죽는 것도 중요하다는 말씀 하시곤 하셨습니다. 평균 수명이 늘어 고령사회에 진입한 사회를 살아가는 제게는 정말 필요한 말씀입니다. 그렇다면 잘 죽는다는 건 어떤 의미일까요? 아름다운 마무리란 어떤 것일까요? 노년의 부모님을 뵈며 안타까워할 뿐 노년의 삶이 어떤 것인지 전혀 알 수 없는 제가 무언가 말하기 쉽지 않기에 오히려 지혜로운 어른들께 인생에 대해 삶에 대해 신앙에 대해 더 많이 듣고 배우면 조금씩 깨닫게 되지 않을까 싶긴 합니다. 다만 훗날 아름다운 마무리를 하게 된다면 이기적인 삶을 추구했던 젊은 시절의 나를 넘어 이웃들을 향한 삶을 살아가려는 삶이기를 바랄 뿐입니다.

우연히 보게 된 『눈물 한 방울』이라는 책에는 이런 글이 있습니다. 고故 이어령 선생님께서 88세로 세상을 떠나기 6개월 전인 2021년 8월 1일에 쓰신 글입니다. 복막에서 시작된 암세포가 맹장과 대장, 간으로 전이되어 두 번째 수술을 받은 후 치료 중단을 선언하고 집에서 죽음을 맞이하시면서 친필로 쓰신 글입니다.

한 발짝이라도 걸을 수 있을 때까지 걷자.

한 호흡이라도 쉴 수 있을 때까지 숨 쉬자.

한 마디 말이라도 할 수 있을 때까지 말하자.

한 획이라도 글씨를 쓸 수 있을 때까지 글을 쓰자.

마지막까지 사랑할 수 있는 것들을 사랑하자.

돌멩이, 참새, 구름, 흙 어렸을 때 내가 가지고 놀던 것,

쫓아다니던 것, 물끄러미 바라다본 것.

그것들이 내가 사랑하는 것들이었음을 알 때까지

사랑하자.

뿌리 깊은 믿음의 거목

이 글에는 죽음, 고통, 원망 등의 흔적은 없습니다. 대신 성실한 사랑이 있습니다. 노년의 삶의 아름다운 마무리란 어떤 것일까, 하여 여러 책을 훑어보다가 저는 이 짧은 글에서 멈췄습니다. 이내 눈시울이 붉어졌고 겸허해지는 기분이 들었습니다. 고인은 삶의 마지막 순간까지 성실하게 사랑하는 삶을 살고 싶어 했습니다. 특별한 삶이 아닙니다. 우리가 언제나 일상 속에서 할 수 있는 것들, 아무런 감흥도 없이 하는 것들이 대부분이었습니다. 지금, 여기 주어진 삶에 감사하며 경이에 찬 어린아이의 눈과 마음으로 사랑하기로 다짐하는 이어령 선생님이 눈앞에 어른거리는 것 같

습니다. 이 글을 읽고 저는 자연스럽게 동의하게 되었습니다. 저역시 성실하게 사랑하며 살아가기로요. 바로 이런 모습이 노년의 아름다운 마무리가 아닐까 하고 생각하게 됩니다.

아직 교회에서 중직자로 후배들에게 귀감 되는 역할도 감당하지 못하는 저로서는 신앙의 노년기는 과연 어떠할지 상상하기도 쉽지 않습니다. 만약 내가 안수 집사가 된다면, 장로가 된다면 어떠해야겠다는 그림은 있지만 이것도 눈앞의 현실은 아니기에 신앙의 노년기는 아직은 먼 이야기처럼 생각됩니다. 그러니 삶의 아름다운 마무리는 아직은 꿈같은 순간처럼 생각되기도 합니다. 그래서 앞으로 아름다운 마무리를 하시는 신앙의 어른들을 더 자주찾아뵙고 잘 배워야겠다고 생각해 봅니다. 그러면 어느 순간 '마지막까지 사랑할 수 있는 것들을 사랑하게' 될 수도 있지 않을까요?

5부

신앙의
여정

작은 불꽃 하나가

"난 이제 시간여행을 하지 않는다.
그저 내가 이날을 위해 시간여행을 한 것처럼
나의 특별하면서도 평범한 마지막 날이라고 생각하며
완전하고 즐겁게 매일 지내려고 노력할 뿐이다."

영화 〈어바웃 타임〉

작은 불꽃 하나가

제 꿈을 이루어 줄 희망의 땅이었던 미국은 저에게는 광야와도 같았던, 그 속에서 저의 민낯은 물론 하나님을 독대할 수 있었던 공간이었습니다. 덕분에 저는 앞이나 위만 보지 않고, 깨지고 한층 낮아진 마음으로 옆이나 뒤를 돌아볼 수 있게 되었고, 글을 읽고 쓰고 묵상하며 치유를 경험할 수 있었습니다.

복잡하다면 복잡했던 저와 제 가족의 미국 생활은 헤어짐과 만남의 연속이었습니다. 2011년 여름, 서른네 살이었던 저는 아내와 두 살 아들과 함께 저의 박사후연구원 생활을 빌미로 오하이오주 클리블랜드에 정착하게 됩니다. 아내는 2014년 중순 마침내 일자리를 얻어 3년간 수련을 받기 위해 메사추세츠주 보스턴으로 향하게 됩니다. 덕분에 당시 5살이었던 아들과 저는 3년을 엄마 없이 아내 없이 버텨야 했습니다. 설상가상으로 그 당시 저는 제 인생의 가장 낮은 점을 지나고 있었습니다.클리블랜드에서 겪었던 일들은 저의 첫 번째 책 『과학자의 신앙공부』를 보시면 됩니다. 급기야 클리블랜드를 떠나야 하는 상황에 부닥쳤고, 2014년 말에 아들과 저는 인디애나주 인디애나폴리스로 이사하게 됩니다. 제가 다시 글을 읽고 쓰기 시작한 시기도 이 무렵입니다.

1년 반 뒤, 형편없는 저를 받아주셨던 보스가 직장을 옮기게 되어 2016년 여름, 함께 캘리포니아주 엘에이에 정착하게 됩니다. 2017년 중순 아내는 고생 끝에 수련을 마치고 다행히 엘에이의 직장에서 2년간 일할 수 있었습니다. 3년의 헤어짐 끝에 감사하게도 2년 동안 함께 살 수 있었던 것이지요. 시간은 흘러 2019년이 되었고 아내는 비자 문제 때문에 뜻하지 않게 한국으로 먼저 들어가야 했습니다. 아들도 그때 아내와 함께 한국으로 들어가 5개월간 잠시 한국 생활을 경험하고 미국으로 돌아옵니다. 저 혼자 미국에서 보낸 5개월이기도 했습니다. 아들은 한 학기 뒤에 미국으로 돌아왔고 다시 저와 둘이서 2022년 6월 귀국하기 전까지 생활했습니다. 따지고 보면, 약 5년간 저는 아내 없이 아들과 미국 생활을 했던 것입니다.

11년간의 미국 생활을 여덟 꼭지에 담아내기에는 턱없이 부족하지만 여기에 추려낸 내용들은 모두 저의 생각과 마음을 오롯이 담아내고 있다고 생각합니다. 이 책의 주제인 발생생물학과 신앙의 여정에 관한 내용은 이런 시간을 보내며 깨어지고 낮아지며 만난 하나님에 대한 제 신앙의 고백이기도 합니다. 부디 이 짧은 글이 이 책을 읽는 분들의 어떤 삶과 생각과 마음에 공감이 되어 이 어려운 시절 하나님 나라를 꿈꾸며 살아갈 수 있는 작은 불꽃 하나가 되었으면 하는 바람입니다.

빈 자리

2015년 11월

나 인디애나 | **아들** 인디애나 | **아내** 메사추세츠

엄마가 보스턴으로 돌아가기 전날, 아들은 처음으로 눈물을 흘렸다. 여태까지 한 번도 엄마가 보고 싶다고 내색한 적 없던 녀석이었다. 이번엔 달랐다. 어떤 변화가 있었던 모양이다. 추수감사절 휴일에 맞춰 첫 앞니가 빠지더니 벌써 소년이 되어버린 탓일까? 혹시 아빠랑 단둘이 지낸 1년 반이란 시간 동안 참아온 눈물이 이번에 한꺼번에 터진 건 아니었을까? 아내도 울었다. 우리와 다시 헤어져 있어야 한다는 사실보다는 아들이 처음으로 엄마랑 떨어지기 싫은 마음을 울음으로 표현했기 때문이었을 것이다.

아내가 가고 다시 둘이 됐다. 그런데 이 녀석은 어느새 나랑 둘이 있을 때의 모습으로 돌아와 있다. 엄마와 화상 통화할 때도 그날 그렇게 펑펑 울던 모습은 거의 찾아볼 수 없다. 약간 멈칫하는, 1초도 되지 않는 순간의 표정 변화 이외엔.

아빠인 내가 아무리 노력해도 채워지지 않는 엄마의 자리를 생각한다. 그것은 엄연히 존재한다. 이러한 빈자리가 아들에게 슬픔으로 받아들여지고 있다는 사실이 한편으론 안쓰럽기도 했지만,

또 한편으론 좋은 소식이었다고 생각한다. 무엇보다 나는 아들이 슬픔을 슬픔으로 받아들일 줄 알고, 그것을 솔직히 표현할 줄 아는 사람으로 잘 자라고 있다는 느낌이 좋았다. 동시에, 그동안 아무렇지 않다고, 슬프지 않다고 애써 무시하고 태연하려 했던 내 모습이 보였다. 부끄러웠다. 나는 서글프지만 어쩔 수 없는 우리의 현실 앞에서 가능한 일관되게 의도적으로 감정을 숨기려 했던 것 같다. 솔직함보다는 자기 자신을 먼저 보호하려는, 영락없이 이기적인 어른의 모습이었다.

선하시고 인자하신 사랑의 하나님이 우리 인간에게 주신 감정은 기쁨만이 아니다. 슬픔도 분노도 두려움도 모두 하나님께서 주셨다. 우리를 친히 지으시고, 복 주시길 원하시는 바로 그 하나님께서 말이다. 그러므로 기쁠 때 기뻐할 수 있고, 슬플 때 슬퍼할 수 있으며, 분노할 때 분노할 수 있고, 두려울 때 두려워할 수 있는 건 하나님이 친히 디자인하신 인간의 자연스러운 모습일 것이다. 거기엔 부정적이라거나 긍정적이라는 감정 따윈 없다. 하나님이 지으신 인간에겐 모두가 소중한 감정일 뿐이다. 개인적으로 나는 다양하고 다채로운 감정을 느끼고 표현할 수 있음이 우리를 위한 하나님의 귀한 선물이라 믿는다.

좀 더 아들에게 따뜻하게 대해야겠다는 다짐을 한다. 그리고 엄마의 빈자리는 빈자리로 놔두고, 아들이 엄마를 그리워하고 가끔 슬퍼하기도 하는 공간으로 허락해도 되겠다는 생각을 한다. 이젠 빈자리를 보는 눈이 달라졌다. 한결 마음이 놓인다. 아빠가 채우지 못하는 엄마의 빈자리는 결코 슬픔으로 끝나지 않을 것임을 이제 나는 알기 때문이다.

인생의 무게

2016년 5월
나 인디애나 | **아들** 인디애나 | **아내** 메사추세츠

오후 5시에 퇴근하기 위해서는 시간 관리에 온 힘을 다해야 한다. 자칫 3시간을 기다렸다가 다음 단계로 넘어가야 하는 실험을 오후에 시작했다간 낭패를 보기 십상이다. 온종일 투자해야 결과를 얻을 수 있는 실험은 반드시 아침 일찍 시작해야만 한다. 그만큼 생물학 분야에서 실험을 주업으로 삼는 삶은 어쩌면 시간과의 혹독한 싸움이다.

2년을 그렇게 살았다. 남들보다 1시간 일찍 출근하고 1시간 일찍 퇴근하는 삶을 살아왔다. 아들은 남들보다 1시간 일찍 학교에 다행히 그 학교엔 일과 시작 전 아이들을 돌봐주는 YMCA가 들어와 before school care 를 제공해 주고 있었다 등교 했고, 방과 후에도 학교에서역시 YMCA가 after school care도 제공해 주었다 저녁 6시까지 머물러야 했다.

나로서는 시간을 쪼개며 빠듯한 일정을 계획하고 실천하느라 정신없이 바쁘게 산 것이지만, 아들로서는 다른 집 아이들과는 달리 유치원미국 공립학교엔 보통 초등학교 안에 유치원이 있다. 1학년이 아닌 0학년 정도로 유치원 아이들을 대하는 것 같다 부터 초등학교 1학년까지 2년간 참

고단하게 산 셈이다. 아침 8시부터 저녁 6시까지 부모와 떨어져 학교에 있어야 했으니 그 조그만 어깨에 충분히 버거운 짐이었을 것이다.

아무리 일정을 잘 계획한다 해도 일 년에 몇 번 정도는 어쩔 수 없는 일의 양으로 인해 아들을 저녁 6시에 픽업한 뒤 근처 패스트 푸드점에서 햄버거를 먹고 함께 실험실로 돌아가 밤 9시나 10시까지 실험을 해야 겨우 하루를 마칠 때도 있었다. 아들은 아빠가 무슨 일을 하는지 기웃거리기도 하고, 아빠 책상에 앉아 컴퓨터로 보고 싶은 동영상도 보며 나름 재미있는 시간을 보냈지만 밤늦게 집으로 돌아가는 차에선 앉자마자 곯아떨어지기 일쑤였다. 도착해서 차 뒷문을 열고 불편하게 잠들어 버린 아들을 들어 안고 집으로 들어갈 때면 나는 피곤함도 뒤로한 채 북받쳐 오르는 안쓰러움에 인생의 무게를 실감할 수 있었다.

아내와 떨어진 채 나는 아들과 단둘이 아무런 경제적, 인적, 물적 배경도 없는 낯선 땅에서 잘도 버텨냈다. 원했던 삶과는 너무나도 멀어져 이젠 인생 계획이라는 단어조차 무색해졌지만, 어쨌거나 그 시간을 포기하지 않고 견뎌냈다. 가치관과 인생관 혹은 세계관의 전복이 일어나지 않을 수 없는 기간이었다. 마치 링 위 코너에 몰린 권투선수처럼 인생의 코너에 몰린 채 겨우 숨만 쉬며 살아온 것 같은 느낌이다. 돌아보면 모든 게 하나님의 섭리라고밖에 설명할 수가 없다. 하나님을 빼고서는 이제 나에겐 내 인생을 설명할 재간이 없다.

성공하기 위해 미국에 갔다. 그러나 내가 원하는 성공은 이루지 못했다. 하나님의 계획은 나의 계획과는 달랐다. 지난날 나는 모든 게 다 내 뜻대로 되어야만 하나님의 계획이 성취되는 줄 알았다. 하나님의 영광을 위해 산다고 말했지만, 실상은 오로지 나의 소원 성취와 문제 해결만이 내 인생의 목적이었다. 그 부끄러운 시간으로부터 벗어나기 위해 나에겐 제대로 된 따끔한 한 방이 필요했던 게 아닌가 싶다. 마치 부모의 속을 썩이는 철없는 자녀에게 특별 조치가 취해지는 것처럼 말이다. 그러고 보면 나에게 미국은 광야였던 셈이다. 벌거벗은 나 자신을 만나고 그런 나를 지으신 하나님과 독대하는 곳 말이다.

다행히 나는 그 당시 나에게 주어졌던 광야를 간신히 통과할 수 있었고, 과거의 원망이 현재의 감사로 바뀌는 은혜를 체험할 수 있었다. 그분의 은혜와 사랑 덕분에 나는 두 번째 인생을 시작하게 된 것이다. 값없이 받았지만 가치를 매길 수 없는 하나님의 무한한 은혜, 나의 두 번째 인생은 빚진 자로서의 인생이 되어야 할 것이다.

재방문

2017년 11월

나 캘리포니아 | **아들** 캘리포니아 | **아내** 캘리포니아

신호를 기다리며 운전석에 앉아 생각 없이 밖을 쳐다보고 있을 때였다. 한 사람이 보였다. 어두운 구석에 서서 건널목을 건너려 하고 있었다. 처량해 보였다. 그 순간 갑자기 클리블랜드 시절이 떠올랐다. 뜻하지 않던 시공간 그리고 전혀 모르는 사람에게서 오래전 내 모습을 본 것이었다.

2011년. 그때 나도 저 사람처럼 어두운 길모퉁이 건널목 앞 버스 정류소에서 버스를 기다리고 있었다. 날이 어두워지자 부슬부슬 내리던 비가 금세 진눈깨비로 바뀌었다. 추웠다. 그리고 무서웠다. 그날따라 버스가 연착되어 20분이 지나도 오질 않았다. 아내를 부를까 생각했으나 이내 관두기를 벌써 수십 번. 그때만 해도 세 살이 채 안 된 에너자이저 아들 녀석과 온종일 시간을 보내느라 아내는 나보다 더 지쳐있을 것 같았기 때문이다. 그렇게 배려와 두려움 사이를 갈팡질팡하는 사이 마침 멀리서 버스가 보였다. 빨리 따뜻한 집에 가고 싶었다. 버스 문이 열리자마자 왈칵 눈물이 쏟아진 건 낯선 땅, 어두운 저녁, 이방인으로서 홀로 진눈깨

비를 맞으며 나 자신이 한없이 처량하게 느껴졌기 때문일 것이다.

자동차 경적에 본능적으로 발을 브레이크에서 엑셀로 옮겼다. 내 뒤로 늘어선 차들에게 미안한 마음도 들었지만, 그것보다는 별안간 내가 있는 이곳이 미국이라는 엄연한 사실을 다시 인지하게 되었고, 그동안 외롭고 지치고 힘든 적도 많았지만, 어쨌거나 지금은 사랑하는 아내와 아들과 함께 살고 있다는 사실에 한없이 감사했다.

나이 마흔을 넘기며 이곳저곳에서 내가 보이고 내 삶의 궤적이 보이며 현실을 감사하게 된다. 몽상과도 같았던 이상에서 벗어나 점점 더 나의 내면에 솔직히 귀를 기울이게 된다. 어쩌면 남은 삶은, 물론 한 번도 가보지 못한 길을 걷는 일도 많겠지만, 이미 걸었던 길을 다시 걸으며 모든 것을 재발견하고 다시 깨닫는 삶일지도 모르겠다. 새로움은 재방문에서도 온다. 인생 살 만하다.

현재의 소중함

2018년 9월

나 캘리포니아 ┃ **아들** 캘리포니아 ┃ **아내** 캘리포니아

며칠 전부터 긴장이 되어 깊은 잠을 이루지 못했다. 혈압을 위해서라도 잠을 자 둬야 한다는 강박관념에, 아직 다 정리하지 못한 발표 자료를 꾹 눌러 저장하고, 자정이 넘어 잠자리에 들었다. 잠에서 깨어 시계를 볼 때마다 정확히 1시간씩 지나가 있는 놀라운 일을 밤새 3번씩이나 경험했으니, 2시간 이상 이어진 잠을 한 번도 이루지 못한 셈이다. 차로 1시간 남짓 걸리는 거리를 운전해 일터로 가야 했기에 늘 새벽에 먼저 일어나 홀로 조용히 나가던 아내도 오늘은 내가 먼저 흔들어 깨웠다.

막상 발표 시간이 다가오니 이상하게도 마음이 편안해졌다. 어느 정도의 체념은 삶을 가볍게 한다. 아직도 영어로 발표하는 것은 어렵다. 미국에 살면서 영어권 문화에 점점 익숙해지며, 같은 의미의 말도 다르게 표현해야 한다는 것을 알아가고 있다. 예전 같았으면 망설이지 않았을 표현도 더 영어답게 하려고 신경 쓰고 있는 나를 발견한다. 얼마 전부터 발표를 준비할 때마다 새롭게 생긴 내 안의 복병이다. 제대로 알아간다는 것이 언제나 우리를

익숙하고 편안하게 만들지는 않는 것 같다. 난 언제쯤이면 앎으로 인한 편안함을 느껴볼 수 있을까? 그런데 그런 게 가능하기나 한 걸까?

40여 분 만에 무사히 발표를 마치고, 늦은 점심을 먹으러 밖으로 나가려는 순간, 보스가 오후 4시에 있을 미팅을 상기시켜준다. 이왕이면 준비를 좀 해서 미팅에 참석하자는 말까지 남겼다. 불행하게도 3시간 정도 남았는데, 준비된 게 하나도 없다. 자료가 있긴 한데, 여기저기에 흩어져 있어 모으고 정리해야 한다. 요즘엔 진행하는 프로젝트가 3개가 넘고, 각 프로젝트마다 일복이 터져서 미처 준비할 시간을 확보하지 못했다. 하는 수 있나. 깔끔하게 점심을 포기하고, 대신 자판기에서 형편없게 생긴 차가운 샌드위치를 하나 뽑아서 먹어 치웠다.

흔들리는 전철을 타고 정거장에 내리니 마침 파머스 마켓이 열리고 있었다. 매주 목요일 오후마다 전철역 바로 옆에서는 지역 주민들이 합법적으로 시장을 열고 자기네들이 직접 재배하거나 추수한 농작물과 과일, 직접 만든 빵이나 고기, 꿀, 양념 등을 판다. 이곳은 언제나 사람들이 넘쳐나고, 즐거운 음악 소리와 떠드는 소리, 아이들이 낄낄대는 소리, 물건 값을 흥정하는 소리로 대기가 가득 찬다.

많은 인파를 헤치고, 축제 분위기를 미끄러지듯이 빠져나와 20분 정도 걸으면 집에 도착한다. 아내는 오늘도 일이 많아 밤 9시가 다 되어야 도착한단다. 오늘도 이렇게 하루가 간다. 일상의 소중함을 알아채며 살아낸다는 것은 그리 녹록하지만은 않다. 그러나 이런 생활이 바로 일상을 알아가고 배워가는 것이라 믿는다. 다만, 조금만 더, 바로 그 시간 그 장소에서, 소소한 일상에 감동할 수 있고 감사할 수 있기를 바란다. 언제나 그렇듯, 지나고 보면 지금이 가장 행복한 순간일 것이다. 행복은 현재 진행형이어야만 비로소 참 의미가 있지 않을까 한다. 회고하며 뒤늦게 깨닫는 행복은 슬프니까.

스킨십 그리고 사랑

2019년 1월

나 캘리포니아 | **아들** 캘리포니아 | **아내** 캘리포니아

사랑하는 아내와 키스를 하고 잠자리에서 빠져나와 아이의 방으로 향한다. 아직도 곤히 잠들어 있는, 천사 같은 아이를 꼭 안아주며 볼 뽀뽀를 한다. 그리고 사랑한다고 말한다. 아이는 익숙한 아빠의 피부와 숨결을 느끼며 잠에서 깨어나, 아빠의 목을 감싸고 여전히 눈을 감은 채 웃음을 짓는다. 나의 하루가 시작된다.

스킨십 하며 사랑을 표현하는 행위만큼 우리가 몸을 가진 존재임을 감사하게 여기는 순간이 또 있을까. 사랑할 수 있고 사랑받을 수 있는 존재. 그렇다. 우린 인간이다. 몸을 가진 인간이다.

인간이 몸을 가지고 있다는 사실을 우린 종종 '육신에 갇혀 있다'는 표현을 사용하며 '제한'과 '통제'의 부정적인 의미를 부여하곤 한다. 하지만 나는 무한한 신이 유한한 인간을 창조한 이유를 생각할 때, '제한'과 '통제'보다는 오히려 '자유'와 '사랑'에서 찾는다.

사랑하는 사람을 만질 수 있고, 그것을 통해 사랑을 느낄 수 있고, 비로소 안정감을 찾을 수 있는 것은 비단 아이에게만 해당 되

는 이야기가 아니다. 지어진 이 땅의 모든 인간이, 육신을 가진 모든 인간이 누릴 수 있는 특권이지 않을까 한다. 그리고 이는 곧 자유함일 것이다.

창조된 우리의 육신은 우리를 제한하고 통제하기보다는 자유케 한다. 어쩌면 천사가 흠모하는 인간의 본질은, 그들은 가지지 못했으나 인간만이 가질 수 있었던 바로 우리 육신에 있을지도 모른다. 우리가 제한과 통제하고 폄하하곤 했던 유한함이 누군가에겐 그토록 바라는 자유와 사랑의 유일한 수단일지도 모르는 일이다.

스킨십을 통해 사랑을 전하고 또 사랑받을 수 있다는 건 오로지 우리가 육신을 가지고 있기에 가능한 일이다. 천사는 하고 싶어도 할 수 없는 일. 우리의 유한한 육신은 자유함의 통로인 것이다.

사랑과 은혜

2019년 5월
나 캘리포니아 ㅣ **아들** 캘리포니아 ㅣ **아내** 캘리포니아

오늘도 아내는 아들이 잠들 때까지 오지 않았다. 아내 없이 아들과 단둘이 지냈던 지난 3년이 불현듯 떠올랐다. 아들이 유치원에 입학하면서부터였으니까 다섯 살에서 일곱 살까지 아들은 엄마의 세심한 손길 없이 오로지 아빠의 큼직하고 서툰 손길에 자랐던 셈이다. 그것도 친척도 친구도 없는 미국 땅에서 말이다. 게다가 그 3년간 우린 오하이오에서 인디애나로, 인디애나에서 캘리포니아로 이사도 해야 했다.

인생의 낮은 곳을 지나며 삶의 덧없음과 무기력하고 의기소침해진 자아를 추스르기에도 힘에 벅찼던 시기였다. 내가 믿는 하나님이란 존재가 어찌 이런 감당치 못할 상황을 허락하시는지 하루에도 수십 번 원망하곤 했었다. 그러나 만약 그때 아들이 옆에 없었다면, 만약 내가 전적으로 아들을 돌봐야 하는 상황이 아니었다면, 오히려 스스로 문제 속에 잠긴 채 아마도 난 극단적인 선택을 했을지도 모르겠다.

그러고 보면 아들의 존재는 내겐 일종의 구원이었던 셈이다.

언제나 지나고 나서야 깨닫게 되는 하나님의 사랑. 그때 하나님이 내게 주신 강력한 은혜는 아들이었다. 사랑받는 상황이 아닌 오히려 사랑을 줘야만 하는 상황. 그 상황이 내겐 너무나 큰 은혜의 순간이었다. 사랑을 갑절로 받는 순간이었다.

저녁을 먹고 나서 맛있게 초콜릿 과자를 쩝쩝대며 먹고 나더니, 아들은 학교에서 노는 공놀이를 내게 가르쳐준다고 해서 어디 한번 해보라고 했다. 뭐 하는 놀이인지 이해가 잘 가지는 않았다. 그런데 언뜻 보니 여전히 공 다루는 손이 서툴렀다. 여전히 아기 손이다. 그때였다. 서툴기 짝이 없지만, 아무런 어두움이 없는 것 같은 웃음으로 공을 다루고 있는 아들을 보고 난 순간 왈칵 눈물이 날 것 같았다. 아, 저 사랑스러운 녀석 같으니라고!

3년간 나의 투박한 손이 아들에게 미쳤을 영향을 나 혼자 지레짐작했던 부분이 많았다. 아니라고, 아닐 거라고 생각하면서도 단둘이 있을 때 혼자 있는 아들의 뒤통수를 볼 때면 나도 모르게 나의 마음은 이미 지나간 미안함에 왠지 모를 죄책감에 빠져든다. 그런데도 나는 나처럼 해주는 공놀이에서 포착한 저 천사 같은 웃음에 몸 둘 바를 모를 정도로 감사함과 행복함을 느꼈다. 아니, 내가 함부로 넘겨짚은 죄책감에서의 해방이라고 해야 더 정확한 표현일까. 아, 난 정말 은혜를 입은 자가 틀림없다.

낄낄대며 놀다가 땀이 났는지 냉장고에서 차가운 우유 한 컵을 따라 벌컥대며 마셨다. 그리고 시키지 않아도 알아서 다스베이더 목소리 나는 칫솔로 양치까지 했다. 시계는 9시 반이 넘었다. 오랜만에 아들 침대에 누워 책을 읽어줬다. 다시 가슴이 북받쳤다. 들키지 않으려 한숨을 크게 들이쉬고 책을 재미나게 읽었다. 아들은 또다시 낄낄대며 살갑게 옆에 붙어서 재미나게 듣는다. 15분쯤 지났을까. 금세 조용해졌다. 아들 볼에 뽀뽀하고 사랑한다고 말하고 스탠드 불을 껐다. 잘 자, 아들. 사랑해. 아들 방문을 닫고 나오며 더 좋은 아빠가 되어야지 다짐했다. 은혜를 갚자고 다시 다짐했다.

자유와 구속

2019년 8월

나 캘리포니아 | **아들** 한국 | **아내** 한국

아내와 아들이 떠나고 본격적인 더위가 시작됐다. 32도를 넘기는 건 당연한 일상이 되었고, 38도에 육박하는 날도 더는 낯설지 않다. 혼자 있는 시간이 갑자기 늘어나자 시계를 보는 횟수는 점점 줄어든다. 아이 때문에 상대적으로 일찍 자고 일찍 일어나던 습관도 무너졌다. 일찍 퇴근할 이유가 사라진 마당에 퇴근 시간도 늦춰졌다. 퇴근 후에는 영화를 보고, 책을 읽고, 글을 쓰고, 일과 시간에 처리하지 못한 일에 매달린다. 아이 덕분에 꼬박꼬박 지키던 식사 시간도 사라졌다. 늘 말이 많던 아내와 아들이 없는 집은 고요함을 넘어 썰렁함이 느껴진다. 아무도 말을 하지 않는 집. 아, 혼자 하고 싶었던 것들을 이제 마음껏 할 수 있는데도, 왜 난 매여 있던 삶을 그리워하는 걸까.

아내와 아이가 남기고 간 빈자리엔 다른 것들이 채워졌다. 나에게만 주어진 시간이 늘어난 것도 아닌데, 시간이 남는 듯한 이 묘한 기분. 결혼하지 않았거나 아이를 낳지 않고 혼자였다면 어땠을까 하고 뜬금없이 상상해 본다. 돈도 시간도 지금보단 훨씬 여

유로웠겠지. 아마도 아무에게도 매이지 않는 자유로운 삶을 살지 않았을까?

그러나 정말로 내가 혼자 살았다면 과연 한 사람을 사랑하고, 인내하고, 감싸고, 보호하는 역할을 할 수 있었을까? 내 안의 이기적인 자아가 타자를 고려했을까? 언제나 원할 때 남을 돕고 사랑할 수 있으면 좋겠다 싶겠지만, 만약 그런 선택의 자유가 나에게 주어졌다면, 과연 나는 그 자유를 남을 위해 사용했을까? 가족이라는, 어쩌면 사람을 구속시키는 이 거룩한 매임이 없었다면, 과연 이 이기적인 내가 사랑이라는 신비를 조금이나마 이해할 수 있었을까!

자유와 일상에 대해서 생각한다. 일상이란 많은 부분이 자유가 아닌 매임으로 이루어졌음을 새삼 깨닫는다. 미루고 싶지만 미룰 수 없는 일들, 하고 싶지 않지만 해야만 하는 일들이 산더미처럼 쌓일 때면 나는 숨이 막힐 듯한 기분까지 느낀다. 그러나 거룩해야 할 그리스도인의 삶 역시 이런 매임들 가운데 존재해야 한다는 점을 떠올리며 나는 이런 매임의 신비를 다시 묵상한다. 하나님이 출애굽한 이스라엘 백성들에게 율법을 주셨던 이유도 이러한 맥락에 있지 않았을까?

일상의 소중함을 느끼고 '오늘을 그날처럼' 살아내는 것은 결코 낭만적이지 않다. 매어 있음에서 구속이 아닌 자유를 느끼고, 그 안에서 기쁨과 삶의 이유를 찾을 수 있길 간절히 소망한다. 나의 텅 빈 일상은 아름다운 구속을 갈망한다.

일상에 침투한 메시지

2021년 5월
나 캘리포니아 | **아들** 캘리포니아 | **아내** 한국

이틀째 3시간도 못 자고 일어나 뜨거운 물로 샤워하고 간신히 정신을 차리며 출근 준비를 한다. 이른 새벽 아들 방문을 살짝 열어 곤히 자는 녀석을 보며 잠시 기도한다. 지금 이 삶도 이렇게 유지되고 있다는 게 기적으로 느껴진다. 기도는 잠자고 있던 나를 깨워 새롭게 한다.

차를 몰고 나와 창문을 여니 차가운 대기가 느껴진다. 하늘은 흐리다. 아니나 다를까, 산 가브리엘 산맥 가까이 위치한 연구소 근처로 가니 가시 같은 비가 내린다. 덕분에 먼지 낀 차 앞 유리가 말끔해졌다. 정신이 번쩍 들었다. 찔리면 아플 것 같은 가시 같은 비가 평소에 잘 보이지 않던 창문의 먼지를 말끔히 씻어냈다는 사실이 나에게 뭔가를 말해주는 것 같았다.

가시 같은 비는 내가 통제할 수 없는 외부로부터의 스트레스이고 먼지는 내 안에 소리 소문 없이 쌓인, 내가 보지 못하는 허물 같다는 생각이 들었다. 그리고 외부의 스트레스가 보이지 않던 내부의 허물을 드러낸다는 사실이 아이러니하게 느껴졌다.

언제나 보이지 않는 것은 보이는 것보다 더 크고 강력한 것 같다. 치명타를 날리는 것도, 결국 사람을 무너지게 만드는 것도 언제나 보이지 않는 실체들이다. 보이는 그 무엇에 의해 마침내 정체를 드러낼 뿐, 보이지 않는 것들은 언제나 풍경처럼 혹은 배경처럼 일상에 숨어 있다가 때가 되면 흉기가 되어 나를 찌른다.

그나마 다행스러운 건, 그 보이지 않는 것들의 실체를 알아채게 되는 순간이 종종 나에겐 예기치 않게 찾아온다는 사실이다. 때론 스트레스로, 때론 사건과 사고로, 때론 사소한 일상의 조각들로. 오늘도 나는 뜻하지 않게, 보이지 않던 내 허물의 실체를 보게 되면서 조금은 더 성숙해지고 겸손해진다. 감사한 일이다.

멀리 있던 산이 가까워지며 안개가 산 중턱에 걸려 있는 모습이 보인다. 꽤 운치 있다. 산은 언제 봐도 다른 느낌으로 다가온다. 늘 같지만 새로운 존재. 언제나 말없이 든든한 배경이 되는 고마운 존재. 문득 나는 어떤 존재이고 어떤 의미일지 잠시 생각에 잠긴다. 남에게 방해가 되지 않길 바라는 마음, 적어도 거추장스러운 존재가 되지 않길 바라는 마음. 나이가 들수록 바라는 게 작아져 간다. 나도 한때는 영웅이 되고 싶었는데….

비가 더 자주 내리면 좋겠다. 비가 적은 이곳엔 비를 기다리고 반기는 존재가 나뿐만은 아닐 것이다. 산처럼, 비처럼 가끔이라도 말없이 위로를 주는 존재가 고맙다. 더도 말고 덜도 말고 나도 그런 존재가 되고 싶다. 산과 비로부터 예기치 않게 위로받은 오늘,

은혜의 출근길, 나는 감사를 회복한다.

퇴근하고 집에 도착하니 평소보다 두 시간이나 늦었다. 괜히 미안한 마음에 아들에게 다가가 더 친근하게 굴며 대화하고 함께 시간을 보냈다. 아직 아빠를 받아주는 아들이, 이 부족한 아빠를 받아주는 아들이 고맙다. 이 시간이 영원하기를 잠시 눈을 감고 기도로 읊조린다. 별것 아닌데 울컥하는 이 마음. 나도 정말 나이가 드나 보다.

마침 아들 학교에서 뭔가를 가져가라는 메시지가 와 있어서 아들과 함께 길을 나섰다. 15분 정도 아들과 걷는 동안 아들은 언제나처럼 끊임없이 재잘댄다. 어릴 적부터 유독 말이 많았던 녀석, 걷는 것보다, 손가락을 놀리는 것보다 말이 빨랐던 녀석이다. 엄마가 옆에 없는 상황에서도 나에겐 가장 큰 위로가 되는 사람, 참 고마운 사람. 아들의 재잘거림에서 나는 노랫소리를 듣는다. 다시 나는 잠시 눈을 감고 이 순간이 영원하길 기도한다. 살짝 나온 눈물을 감추고 아들과의 산책을 즐기기로 한다.

선생님이 정겹게 아들을 반겼다. 코로나로 인해 1년간 화상으로 수업했는데도 아들은 그 어느 때보다 선생님과의 관계가 좋다. 전혀 예상하지 못했던 일이다. 대면 수업이 아닌 화상 수업이 과연 얼마나 효과가 있을지 나는 부정적인 시각을 가지고 있었다. 하지만 아들은 적극적으로 수업에 임했다. 먼저 손을 들어 대답도 하고, 아이들을 웃기기도 하며 수업을 즐기는 것 같았다. 받아쓰고 외우는, 일방적인 방식이 아닌 묻고 대답하고 토론하는, 원활한 소통의 장이 펼쳐지는 수업 시간. 선생님은 말하기보다는 듣는다. 들으면서 아이들을 맞춘다. 그러면서도 계획대로 이끈다. 내가 본 미국 초등학교 수업의 단면이다. 부럽고 본받을 모습이 아닐 수 없다.

이제 중학교 입학 서류를 준비하고 있다. 부쩍 커버린 아들 녀석이 대견해 보이기도 하고 조금 낯설게 느껴지기도 한다. 매일 반복되는 일상 가운데도 시간은 끊임없이 가고 있다. 아이의 성장을 보면 더 그렇다. 아이는 살아있는 커다란 시계다.

아이와 선생님이 대화하는 모습을 보면서 잠시 생각에 빠져든다. 나는 어떤 의미일까, 나는 좋은 아빠일까, 이웃에게 어떤 사람으로 비치고 있을까. 그리스도인이라고 하면서 과연 나에게는 그리스도의 향기가 조금이라도 날까. 그리스도의 그림자 단 한 조각만이라도 보일까. 오히려 그 반대의 삶을 살아내고 있진 않을까. 이런 생각에 다시 마음이 무거워진다. 신앙을 가지고 한 번 큰 강을 건넌 뒤엔 점점 확신이란 게 사라져간다. 오히려 더 불안한 것 같기도 하고, 오히려 더 답이 없는 것 같기도 하다. 뭐가 뭔지 잘 모를 때도 많다. 신앙이란 무엇이고 그것을 살아낸다는 것, 그리고 복음을 전한다는 것에 대해 다시 묻게 된다. 이럴 때면 예전에 읽었던 스탠리 하우어워스Stanley Hauerwas의 『한나의 아이』가 떠오른다. 답 없이 사는 법을 배우는 과정이 그리스도인으로 사는 것이라는 그의 말은 수년이 지나도 내 마음 한편에 묵직하게 남아 있다. 그리고 어느새 마흔 중반에 접어든 나는 인생의 후반전에 들어서며 점점 더 그의 말에 고개를 끄덕이게 된다.

"사람들은 내가 그런 질문에 답할 수 있을 거라고 생각한다. 그러나 나는 그런 질문에 어떻게 대답해야 할지 모른다. 오히려 내가 기독교 신학자로서 살아온 지난 세월 동안 배운 것이 있다면 누구도 그런 질문에 대답을 시도해서는 안 된다는 것이다. … 내가 볼 때, 그리스도인으로 사는 것은 답 없이 사는 법을 배우는 과정이다. 이렇게 사는 법을 배울 때 그리스도인으로 사는 것은 너무나 멋진 일이 된다. 신앙은 답을 모른 채 계속 나아가는 법을 배우는 일이다." (스탠리 하우어워스 저, 『한나의 아이』)

한계 그리고 무지개

2023년 7월

나 한국 | **아들** 한국 | **아내** 한국

작년 2022년부터 우리는 드디어 세 가족이 함께 살게 되었습니다. 그것도 고국에서 말이지요. 사연 없는 과거 없고, 어려움 없는 인생이 없겠지만, 이렇게 되기까지 우리에게도 여러 위기와 갈등이 있었습니다. 특히, 이해할 수 없지만 받아들여야 하는 순간들도 많았습니다. 그럼에도 불구하고 우린 그 시간을 함께 견뎌냈습니다. 그리고 우린 다 이해할 수는 없지만 하나님을 더욱 더 신뢰하게 되었습니다. 광야 11년이 우리에게 준 소중한 열매일 것입니다.

수차례 헤어짐과 만남을 반복하면서 우린 함께한다는 것이 얼마나 감사하고 소중한 일인지 잘 알게 되었습니다. 함께하고 싶으나 이런저런 이유로 그러지 못하는 모든 이들에게 이 지면을 빌려 작은 위로와 응원을 보냅니다.

인생의 끝자락이라고 느껴질 때 하나님을 의지하는 마음을 담

아 시를 쓰곤 했습니다. 부끄럽지만 혹시나 마침내 자신의 한계를 만나 인생의 쓴맛을 경험하는 분들이 이 시로 작은 위로가 되셨으면 하는 마음입니다.

무지개

무지개는 항상 존재한다.
다만, 빛이 대기 중 물방울을 만나 꺾일 때 드러날 뿐이다.

우리의 인생은 꺾일 때가 있다.
누구나 한계를 만나고 겸허해지는 시기를 만나게 된다.
바로 그때다. 색깔을 내는 시기는!

그렇게 나의 굴절은 무지개가 된다.
나의 꺾임은 사람들에게 예기치 않은 희망의 약속이 된다.

솔직해지자. 숨기지 말자.
대기 속 물방울처럼 빛에 솔직히 반응하자.

에필로그

발생에서 시작해서 성숙을 거쳐 노화에 이르는 삶의 여정을 신앙의 여정에 빗대어 살펴보았습니다. 탄생에서 죽음까지, 인생을 이렇게 짧은 시간 훑어보는 것만으로도 의미가 있다는 생각입니다. 나의 삶을 객관화하여 관찰하고, 관찰한 것들로 가만히 생각에 잠기면서 성찰도 할 수도 있고, 성찰한 것들을 기반으로 나와 타자와 세상을 함께 생각하면서 어떤 통찰에 이르기도 하기 때문입니다.

저는 이 책을 쓰며 모든 인간이 흙에서 나와서 흙으로 돌아간다는 말이 새롭게 다가왔습니다. 하나님이 사람을 흙으로 직접 지으셨느냐를 과학적으로 따지는 차원이 아닙니다. 모든 사람의 시작은 동일하다는 의미입니다. 그리고 모든 사람의 끝도 동일하다는 의미입니다. 모든 사람은 난자와 정자의 만남으로 생겨나는 수정란에서 발생을 시작합니다. 그리고 많이 가졌거나 가지지 못했던 사람도, 결국엔 아무것도 손에 들지 못한 채, 의학과 과학의 발달에도 불구하고, 노화와 노쇠를 겪으며 죽음에 이르게 됩니다. 인생의 시작이라 할 수 있는 발생, 인생의 끝이라 할 수 있는 노화, 이 두 가지는 모든 사람에게 동일하게 적용되는 것입니다.

차이는 발생과 노화 사이에서 만들어집니다. 저는 그 차이가 '한 사람이 얼마나 성숙할 수 있는지'에 있는 것 같습니다. 일반적으로 발생과 노화 사이에 성숙이라는 단어를 사용하는 이유입니다. 그러나 성숙이라는 단어 대신 미성숙 혹은 노쇠라는 단어를 넣어도 오류는 없습니다. 어떤 사람은 지혜와 연륜을 겸비할 정도로 충분히 성숙한 사람으로 중간 과정을 채울 것입니다. 어떤 사람은 우물쭈물 눈치를 보다가 충분한 성숙에 이르지 못한 채 덜 성숙한 상태로 중간 과정을 채울 것입니다. 또 어떤 사람은 성숙하기를 의도적으로 거부하고 꼰대라는 이름을 활약하며 자신도 죽이고 남도 죽이는 삶으로, 즉 미성숙 상태로 중간 과정을 도배할지도 모릅니다. 어떤 사람은 노화가 시작되지도 않았는데도 불구하고 노쇠하여 젊음을 만끽하지 못한 채 중간 과정을 채우기도 합니다. 모든 사람이 시작과 끝은 같으나 저마다 다른 중간 과정을 거치게 되는 것입니다.

　몸의 성숙은 형식의 성숙에 빗댈 수 있을 것 같습니다. 그렇다면 영의 성숙은 내용의 성숙과 일맥상통할 것입니다. 몸의 성숙이 본인의 의도와 상관없이 이루어지듯, 형식의 성숙은 본인이 크게 반대하지만 않으면 자연스럽게 익숙해지면서 습득하게 됩니다. 그러나 영의 성숙은 자동적으로 일어나지 않는 것 같습니다. 성령의 인도에 언제나 귀 기울이며, 은혜로 주어진 믿음에 솔직하게 반응할 때에야 비로소 시작됩니다. 그리고 '세상 속 그리스도인', '하나님의 나그네 된 백성'이라는 영적 정체성을 숙지하고 그리스도인을 포함한 모든 인간에게 필요한 범윤리적인 자세를 견지할 때 영의 성숙이 일어날 수 있지 않을까 싶습니다. 그것이 그리스도인의 그리스도인다움을 넘어 사람의 사람다움의 내용이 될 것이라 믿습니다. 이 책을 읽는 모든 분들이 성숙한 어른의 모습으로, 지혜와 연륜을 겸비한 어른으로 노화에 이르고 노년을 아름답게 장식하길 소망합니다.

감사의 글

이 책에 등장하기도 하고 이 책이 써질 수 있는 이유가 되어준 제 아들과 아내에게 고마움과 사랑을 전합니다. 부족한 모습이 너무 많아 본의 아니게 상처를 주기도 했던 지난날들을 떠올리면 언제나 고맙고 미안합니다. 미처 못다 한 말들이 이 책 안에, 특히 5부에 담겨있습니다. 여전히 못난 아빠, 못난 남편이고, 여전히 비틀거리며 걷고 있지만, 하나님을 향한 신뢰는 더욱 커지고 있다는 사실과 그분의 인도를 더욱 간구하고 있다는 사실, 그리고 점점 더 낮은 자세로 섬기며 사랑하며 살아가길 다짐하는 한 명의 세상 속 그리스도인이라는 사실이 이 책을 통해, 그리고 제 삶을 통해 보일 수 있길 간절히 바랍니다.

감사를 전하고 싶은 분들이 많지만, 미국 엘에이 근교에 살 때 5년 넘게 한 달에 한 번 정기적으로 모여 책 읽으며 삶을 나누었던 독서 모임 가족분들께 감사 인사를 드립니다. 저에게는 또 다른 교회와 같은 곳이었습니다. 특히 이송'이'과라서 죄'송'합니다인 저에게 인문학과 철학의 기본 지식을 친절하게 알려 주시고 '철학하는 삶'을 보여주신 텃밭 철학자 정경님께 깊은 사랑과 감사를 전합니다. 차로 10분 거리에 살며 나누었던 평범하고 소박한 일상의 시간. 저는 그 시간을 함께 보내며 얼마나 크게 의지하고 위로를 받았는지 모릅니다. 인생의 낮은 점을 통과하고 회복되는 여정 중 하나님께서 보내주신 참 고마운 은인이었습니다. 물론 독서 모임 가족들 모두가 저에게 큰 힘과 위로 그 자체였습니다.

가장 어두운 시기에 아끼지 않고 퍼부어주신 이러한 만남의 축복, 그리고 불가능할 것만 같았던 이 모든 과정을 가능하게 하신 우리 주 하나님께 감사와 찬송을 올려드립니다. 하나님, 당신은 정말 신뢰하지 않을 수 없는 분이십니다. 부디 이 책으로 말미암아 당신의 그림자 한 조각만이라도, 아니 그 흔적만이라도 사람들에게 전해질 수 있길 기도합니다.

인간의 탄생, 성숙, 노화
생물학자의 신앙고백

초판 1쇄 발행 2023년 9월 15일
지은이   김영웅
펴낸이   이재원

펴낸곳   선율
출판등록   2015년 2월 9일 제 2015-000003호
주소   경기도 구리시 동루릉로 148번길 15
전자우편   1005melody@naver.com
전화   070-4799-3024
팩스   0303-3442-3024
인쇄·제본   성광인쇄

© 김영웅. 2023

ISBN 979-11-88887-21-7 03230

값 15,000원